ESSAI

SUR L'HISTOIRE ET LA LÉGISLATION

DES

FORMES REQUISES

POUR

LA VALIDITÉ DU MARIAGE,

Par A. DE RICHECOUR,
Docteur en Droit,
AVOUÉ ATTACHÉ AU PARQUET DE LA COUR IMPÉRIALE.

> Le mariage. . . . .
> Cette institution fondée par Dieu lui-même à l'origine du monde, que le législateur humain peut bien réglementer, mais dont il ne peut altérer les principes ni les conditions essentielles. . . . . . .
>
> DUMANTE, *Rapport à l'Assemblée législative, sur la proposition de MM. Schœlcher et Wallon.*

PARIS,

CH. DOUNIOL, LIBRAIRE-ÉDITEUR.

RUE DE TOURNON, 29.

1856

ESSAI

SUR

L'HISTOIRE ET LA LÉGISLATION

DES FORMES REQUISES

POUR LA VALIDITÉ DU MARIAGE.

ESSAI

SUR

L'HISTOIRE ET LA LÉGISLATION

DES FORMES REQUISES

POUR LA VALIDITÉ DU MARIAGE.

IMPRIMERIE DE BEAU, A SAINT-GERMAIN-EN-LAYE.

ESSAI

SUR L'HISTOIRE ET LA LÉGISLATION

DES

FORMES REQUISES

POUR

LA VALIDITÉ DU MARIAGE,

Par A. DE RICHECOUR,

Docteur en Droit,

AVOCAT ATTACHÉ AU PARQUET DE LA COUR IMPÉRIALE.

Le mariage. . . . .
Cette institution fondée par Dieu lui-même à l'origine du monde, que le législateur humain peut bien
réglementer, mais dont il ne peut altérer les principes ni les conditions essentielles. . . . . . .

DEMANTE, *Rapport à l'Assemblée législative, sur la proposition de MM. Schœl-
cher et Wallon.*

PARIS,

CH. DOUNIOL, LIBRAIRE-ÉDITEUR,

RUE DE TOURNON, 29.

1856

DES FORMES

REQUISES

POUR LA VALIDITÉ DU MARIAGE.

INTRODUCTION.

Le mariage est le plus important des actes de la vie, mais il est aussi le plus excellent et le plus ancien de tous les contrats. Il fonde les familles, qui sont elles-mêmes les éléments de la société ; il crée des rapports nombreux et variés entre les différents membres de chaque aggrégation domestique ; il établit des droits, des devoirs ; il fait naître des intérêts divers qui tantôt s'unissent, tantôt se croisent et se contrarient, et qui se combinant de mille manières, pénètrent par une foule de voies dans toutes les parties du corps social, auquel ils impriment un heureux mouvement.

On conçoit donc aisément que chez tous les peuples et dans tous les temps, les législateurs se soient efforcés de ne rien laisser dans le mariage, aussi bien pour sa forme que pour ses conditions, aux caprices de la volonté et à l'effervescence des passions : aussi voyons-nous partout des règles fixes présider à la formation du lien conjugal, et des réglements sages concilier autant que possible les lois de la nature avec les besoins des familles et de la société. Si le consentement des futurs époux est nécessaire comme le fondement même de cette société nouvelle qui va commencer, ce consentement doit être revêtu de certaines garanties auxquelles nous voyons concourir en général et la religion et la loi civile. Et s'il est vrai de dire avec Montesquieu que le mariage est un contrat si naturel, que dès qu'il se trouve une place où deux personnes peuvent vivre commodément, il se fait un mariage, hâtons-nous de l'ajouter, c'est en même temps le plus solennel des engagements, et toujours des formes déterminées ont consacré son existence.

La célébration du premier mariage remonte à l'origine même du monde, à l'Éden primitif; car les opinions les plus accréditées s'accordent sur cette croyance, que la société de l'homme et de la femme, instituée par Dieu, fut la société même du mariage, et qu'Adam et Ève furent véritablement mariés pendant l'état d'innocence : Dieu, dit l'Écriture, ayant formé Ève, et l'ayant amenée à Adam, les bénit tous les deux en leur disant : « Croissez et multipliez. » Et Adam à la vue d'Ève son épouse s'écria : « L'homme quittera son père et sa mère, et s'attachera à sa femme, et ils seront deux dans une même chair (1). » Ainsi l'on peut dire que la célébration elle-même du mariage est d'origine divine avant d'appartenir aux législations humaines.

Il est vrai que, suivant l'histoire profane, antérieurement à l'établissement des sociétés politiques, les deux sexes, dans leur union, ne suivaient que leurs appétits brutaux; les femmes appartenaient à celui qui s'en saisissait le premier, et passaient entre les bras de quiconque avait la force de les enlever ou l'adresse de les séduire. Ces dérèglements des premiers âges sont rappelés par Horace dans deux vers dont l'énergique expression nous dispensera de plus amples détails :

> Quos venerem incertam rapientes more ferarum
> Viribus editior cædebat, ut in grege taurus (2).

Les résultats de ces accouplements licentieux durent promptement faire sentir aux hommes réunis en aggrégations le besoin de ces formes protectrices qui devaient assurer à l'union des époux cette fixité sans laquelle elle n'est qu'un désordre, et un caprice dangereux.

______

(1) Genèse, II. — (2) Horace, Satir. 3, liv. I.

Ce serait une curieuse histoire que celle des formes qui chez les divers peuples ont présidé au mariage : nous ne pouvons ici, avant d'aborder cette question dans le cadre plus restreint qui est le nôtre, que retracer rapidement quelques-uns des caractères généraux des solennités en usage dans l'antiquité ; le consentement des futurs époux et de ceux sous l'autorité desquels ils étaient placés, fut toujours le préliminaire indispensable et comme le point de départ des cérémonies du mariage. Quant aux solennités de la célébration, elles ont, selon les époques, revêtu des caractères bien différents : elles variaient même selon la classe sociale à laquelle appartenaient les contractants. Très-simples pour le peuple, ces cérémonies étaient souvent très-pompeuses pour les personnes riches ou d'une condition élevée.

Autrefois, comme aujourd'hui, on aimait à environner d'éclat cet acte qui a sur la vie de ceux qui le font les conséquences les plus décisives. Ce n'est pas sans intérêt que nous lisons dans les Voyages du jeune Anacharsis la description brillante des noces de deux jeunes habitants de l'île de Délos (1).

Nous y voyons le sentiment de ce double caractère à la fois surnaturel et humain, qui a fait du mariage l'objet des soins spéciaux et des législations, et des religions à la fois ; car, selon que le remarque Montesquieu, dans tous les pays, dans tous les temps, aussi bien que la loi civile, la religion s'est mêlée des mariages (2) ; et la raison qu'il en donne est digne d'attention : « Dès que certaines choses ont été regardées comme impures ou illicites, et que cependant elles étaient nécessaires, il a bien fallu y appeler la religion pour les légitimer dans un cas, et les réprouver dans les autres. » En dehors de toute révélation, c'est là, il semble, une cause suffisante pour légitimer cette intervention religieuse sans laquelle il serait difficile de concilier le double caractère du mariage participant en même temps à la nature des actes nécessaires, et à celle des actes illicites.

(1) *Voyage d'Anacharsis*, t. 6, p. 77. Paris, édition de 1789, in-8°.
(2) *Esprit des lois*, liv. 16, chap. 13.

L'histoire est ici d'accord avec la nature et la raison : le nom de la divinité présidait aux alliances contractées sous la tente des patriarches de l'ancienne loi. Dieu parlait lui-même par la voix des pères et des anciens, premiers pontifes de ces âges reculés du monde, comme il bénit plus tard les noces du peuple qu'il s'était choisi par les mains des prêtres qu'il avait consacrés. Les Juifs venaient chercher la bénédiction nuptiale des pontifes de l'ancienne loi, au milieu de pompeuses cérémonies dans le temple redouté de Jérusalem, et leurs descendants cimentent encore à la face de leurs ministres ces alliances exclusives, appelées à perpétuer cette race sans chef et sans patrie, qui promène dans le monde ses mystérieuses destinées, comme pour attester malgré elle le Dieu qu'elle s'obstine à méconnaître.

Si nous demandons aux législations qui ont obscurci la vérité primitive par l'erreur ou l'ont défigurée par les passions, ce qu'elles pensaient du mariage, nous voyons les plus sensuelles s'épurer pour allumer le flambeau nuptial, et le voluptueux Olympe choisir ses plus chastes dieux pour consacrer les devoirs de l'hyménée.

L'Égyptien se mariait en invoquant Isis, les Mèdes à la face du soleil qu'ils adoraient. Les Perses allumaient la torche de l'hymen au feu sacré dont ils avaient fait leur Dieu. A Athènes la célébration du mariage était environnée de cérémonies allégoriques qui n'excluaient pas le caractère religieux : sans le sacrifice à Minerve, cette divinité tutélaire à laquelle étaient consacrés les particuliers aussi bien que la cité et la chose publique, il eût semblé aux jeunes époux que le lien qui les unissait eût été sans force. L'alliance des formes civiles et religieuses est ici pleine d'intérêt. La jeune mariée devait être enlevée avec une violence simulée de la maison de ses parents : ceux du mari venaient la chercher dans sa demeure, où elle était parée au milieu de sa famille et de ses amis; on leur en refusait l'entrée ; ils en feignaient le siége et enlevaient la jeune épouse comme malgré elle pour la conduire au temple, où il était seulement permis à l'époux de la recevoir. Ainsi l'idée religieuse inhérente à la formation du lien conjugal, voilà ce qui apparaît même chez ce peuple où le culte de l'homme semble avoir fait parfois oublier celui de la divinité.

Si enfin nous arrivons jusqu'à cette Rome dans la législation de laquelle semblent s'être réflétées toutes les autres, nous voyons que les Romains des premiers âges venaient puiser au temple des dieux ou à l'autel des pénates, ces austères vertus d'épouse et de mère, qui firent Lucrèce et Cornélie : le mariage des beaux jours de la république nous le montrera bientôt. Il faut en dire autant des barbares qui vainquirent le grand empire romain : eux aussi avaient religieusement célébré leurs chastes alliances au sein des forêts de la Gaule et de la Germanie. Cette vérité ineffaçable a traversé les mers comme les siècles : elle éclate aux bords du Gange comme aux rives du Nil, sur l'Euphrate comme sur l'Amazone, dans l'ancien monde comme dans le nouveau. L'Indien se promène sur le palanquin nuptial consacré par la bénédiction du bramine, le Chinois se rend à la pagode, et le Japonais à l'autel du bonze ; et quand la main de Colomb leva enfin le rideau qui nous cachait l'Amérique, les deux grandes civilisations du Mexique et du Pérou montrèrent leurs jeunes époux échangeant leurs serments au pied des sacrificateurs et des Incas.

Mais revenons à Rome.

PREMIÈRE PARTIE.

CHAPITRE I.

Prolégomènes.

Un double point de vue est nécessaire pour envisager le mariage dans le droit romain : si, d'une part, sa notion philosophique et juridique nous apparaît dans une sphère sereine et pure, d'autre part ses formes, bientôt matérialisées selon les goûts et les caprices d'une société dégénérée, se présentent à nos regards comme un contraste étrange, et une réalité décevante. Quand on considère la définition qu'en a donnée le jurisconsulte Modestin, la couleur austère et pleine de pudeur des mots qui servent à l'exprimer, les cérémonies elles-mêmes qui l'inaugurent, en un mot sa théorie abstraite, on est surpris de voir dans le paganisme une intelligence aussi élevée de cette institution, dont la civilisation chrétienne semblait pouvoir donner seule au monde le véritable sens. D'un autre côté, lorsque l'on considère la pratique du mariage tel que nous le montre la décadence, la solennité du contrat primitif remplacé par le seul consentement sans aucune autre formalité civile ou religieuse; ce même consentement défaisant seul, à l'aide du divorce et de la répudiation, ce que seul il a formé; l'adultère affiché au grand jour, si bien que les femmes sont annuelles comme les consuls; le mariage enfin traîné si bas dans l'opinion publique, qu'Auguste se croit obligé d'y attacher, par ses lois pappiennes, un avantage pécuniaire comme à une spéculation, sans songer qu'en enlevant au lien conjugal sa spontanéité il faisait disparaître toute sa moralité; on ne peut s'empêcher d'en tirer cette conclusion : Le mariage tel que le conçut le spiritualisme de la loi romaine, cette raison écrite de l'humanité, ne pouvait dans la pratique se maintenir à la hauteur de sa notion théorique sans cette force mystérieuse et efficace de réglementation dont le principe chrétien seul, dans l'histoire du monde, a eu le secret.

Toutefois, détournons un instant les regards du matérialisme pratique que nous présentent les faits, et sachons rendre justice au spiritualisme de la loi. Pour trouver le premier anneau de cette chaîne qui unit les deux époux, demandons au jurisconsulte comment il entend le mariage : ce sera, selon ses expressions : « Conjunctio maris et fœminæ, consortium omnis vitæ, divini et humani juris communicatio (1). »

Mais entre l'époque d'où date cette définition et celle de Justinien, la pensée humaine s'est encore épurée, et le législateur chrétien ne voit plus seulement dans le mariage cette union des deux sexes dont l'un appelle l'autre, dans toute la série des êtres animés, *conjunctio maris et fœminæ*, désignant ainsi le caractère le plus infime de l'union qui préside à la reproduction des espèces; il est devenu pour lui, *conjunctio viri et mulieris*, l'union de l'homme et de la femme, les plus nobles des vivants, l'union enfin de deux personnes de la famille humaine que la loi de leur création appelle à vivre en commun et à se compléter l'une par l'autre, selon cette parole de la Genèse qui fait de la femme un aide de l'homme semblable à lui « adjutorium viro simile ejus » (2).

Et ces caractères essentiels exprimés par les expressions « consortium omnis vitæ, divini et humani juris communi- » catio, individua vitæ consuetudo, » que sont-ils autre chose, sinon cette grande loi de la perpétuité et de l'indissolubité du lien conjugal, que le paganisme lui-même avait conçue comme tellement fondamentale dans le mariage, que sans elle il ne le croyait point possible et le regardait au contraire comme un péril social. L'expérience montra promptement que ces législateurs ne s'étaient pas trompés ; car, lorsqu'au temps de Cicéron le divorce, qui avait été un scandale dans les premiers siècles de la république, fut devenu l'histoire de chaque jour, et que les dames romaines trouvèrent plaisant de compter les années, non plus par les consuls, mais par leurs maris, Rome était à la veille de sa décadence.

Remarquons encore, à la louange du jurisconsulte romain, qu'à ses yeux le mariage était plus qu'un contrat : c'était une union, *conjunctio*. — En effet, le droit romain ne reconnaît la nature et le titre de contrat qu'aux conventions qui touchent directement aux intérêts pécuniaires. Le commerce, en un mot, dans le sens romain, est la matière des contrats; or les droits des familles ne sont pas dans le commerce, et à

(1) Lib. 1, D. de nuptiis. — (2) Gen. II, 18, 20.

la tête des droits de famille il faut ranger le mariage. Si les contrats produisent des obligations, le mariage produit des devoirs ; donc, en mettant le mariage romain au rang des contrats consensuels, et en l'assimilant à une société ordinaire, le commentateur Doneau nous paraît avoir commis une erreur qu'il eût évitée s'il s'était reporté aux termes précis des définitions que nous venons de rappeler (1).

Mais ce n'est pas assez d'avoir déterminé la nature de l'union conjugale avec son couronnement l'indissolubilité, il faut à cet édifice une base; et cette base n'est autre que la parfaite égalité de condition et de dignité, qui associe pour toujours tous les maux et tous les biens de la vie des deux époux, et distingue ainsi le mariage du concubinat, appelé à Rome *inæquale conjugium* (2).

Ubi tu Caïus ego Caïa, disait la femme lorsqu'elle entrait dans la maison conjugale : et c'est alors seulement qu'elle quitte sa famille originaire pour entrer dans la famille de son mari, où elle devient *materfamilias*, partage les droits de succession (3), fait profiter son conjoint de ses acquisitions de propriété (4), quitte enfin les dieux domestiques sous la protection desquels elle est née, pour adopter le culte des dieux de celui-ci (5).

Enfin un autre caractère du mariage romain, c'est le but même qu'on s'y propose, la propagation de l'espèce ; et c'est là, quoique les définitions soient muettes sur ce point, un nouveau rapprochement qu'on peut lui assigner avec la définition moderne de notre mariage chrétien ; c'était en effet une formule consacrée que celle-ci : *Uxorem ducere, liberorum quærendorum gratia*. Il est certain que devenir père semblait aux Romains et le mobile et la justification du mariage : c'était un devoir public et sacré ; ils prenaient une épouse pour en avoir des enfants. Ainsi le mariage nous apparaît dans la législation romaine avec tous les caractères qui l'élèvent et le spiritualisent chez nous ; cette indissolubilité, cette égalité, cette union des âmes et des vies aussi bien que des corps, cette transmission enfin de la vie que se partageaient les époux à des êtres nouveaux qui allaient continuer leurs personnes et leurs noms.

(1) Comm. jur. civ., lib. 13, cap. 21. — (2) C. 3 de nat., lib).
(3) G. III, 3. — (4) G. II, 80, v. 90.
(5) Heineccius, Antiq. rom. de nuptiis, § 4, 6.

Mais il faut l'ajouter, cette conception idéale du mariage, si elle fut dans la pensée des sages et des législateurs, dépassait trop les forces et les instincts d'une société païenne pour se maintenir dans la région des faits comme dans celle des idées.

A côté du mariage et en dessous de lui nous voyons en vigueur, bien avant la décadence, le concubinat, tempérament approprié aux faiblesses des mœurs et aux habitudes des classes inférieures de la société.

Ainsi la loi Julia crut devoir permettre expressément le *concubinatum*, et le désigner sous ce nom pour l'affranchir des peines du *stuprum : nomen per leges assumpsit* (1). Il avait même un certain nombre de règles communes avec le mariage. En effet, toléré par la loi civile, il ne pouvait pas, sous ses yeux en quelque sorte, exister entre des personnes dont le commerce aurait offensé gravement l'ordre public. Ainsi défense était faite à un homme marié d'avoir une concubine, à un célibataire d'avoir plusieurs concubines à la fois (2). La parenté et certaines raisons de convenance formaient empêchement au concubinat ; le fils, par exemple, ne devait pas prendre pour concubine une femme qui avait été la concubine de son père ; un frère, la concubine de sa sœur (3). Mais on aurait tort de conclure de là, comme le fait Pothier (4), que le concubinat pouvait être confondu avec le mariage et appelé du même nom : car les principaux caractères que nous avons trouvés dans le mariage manquent ici : au lieu de cette indissolubilité, base de l'union conjugale, les concubins n'avaient en vue qu'une union passagère ; ils ne faisaient pas à la concubine qui n'était plus *uxor* l'épouse, mais seulement *mulier*, la demi-femme, l'honneur d'en attendre des enfants ; ils n'échappaient point aux peines de l'*orbitas* et du célibat ; le concubinat enfin supposait généralement dans la femme une infériorité de mœurs ou de condition qui l'empêchait de participer aux dignités du mari, ne lui conférait même aucun droit à sa succession, et qui ne permettait de lui faire que des dons modérés (5).

Je sais que le concubinat régulier a été rangé à Rome au rang des différentes espèces de mariage admises dans la

(1) L. 3, de concub. — (2) C. de concubitu.
(3) L. 56 de r. n. Loi 1. § 3 de concub. — (4) Mar. n° 7.
(5) Liv. 1, § 1 ; L. 3, de concub.

législation : c'était le mariage dit *ex usucapione*, qui, n'étant accompagné d'aucune formalité, ne s'opérait en réalité que par la cohabitation pendant une année d'une femme libre dans la maison d'un homme sans avoir fait une absence de trois nuits.

Néanmoins ce serait flétrir, trop facilement ce semble, la dignité du mariage romain, que de continuer à lui assimiler entièrement le concubinat; on ne peut, à proprement parler, y voir que l'échelon intermédiaire dans la série des unions en usage, laquelle couronnée à son faîte supérieur par le mariage véritable, se terminait à son étage inférieur par le *stuprum*, dans lequel il faut confondre la violation trop multiple en ses formes des lois fondamentales du mariage, qu'autorisa la décadence alors même qu'elle en conservait la fiction ou une vague réminiscence. Les mots d'ailleurs qui dans cette langue philosophique exprimaient et nuançaient si bien les choses, caractérisent merveilleusement la différence morale qu'il faut attribuer aux deux grandes catégories d'unions qui se pratiquaient à Rome.

L'union que j'appellerais naturelle c'est le *concubitus*, ce commerce physique qui rappelle la définition primitive : *conjunctio maris et fœminæ;* mais le mariage proprement dit, le mariage de la loi, celui que nous définirions avec Justinien *conjunctio viri et mulieris,* parce qu'il appelle à sa suite, non pas seulement des instincts, mais des devoirs, celui-là nous le trouvons signalé à Rome par trois expressions empreintes encore de spiritualisme: c'est d'abord *conjugium,* c'est-à-dire un engagement mutuel : *quasi commune jugum.*

C'est ensuite *nuptiæ* ou *justæ nuptiæ,* les noces, dérivé du verbe *nubere,* expression qui rappelle le voile dont, pendant la cérémonie, la mariée dérobait sa pudeur aux regards curieux, et qui, par un privilége singulier, semble voiler, en même temps qu'elle les exprime, les mystères de la couche nuptiale. C'est enfin *matrimonium,* mot qui résume toute la philosophie du mariage en rappelant aux époux leurs devoirs respectifs : aux maris leur titre de chef de famille qui en fait les protec-teurs, les gardiens, et comme les tuteurs de la personne et des biens de leurs femmes ; et à celles-ci ces devoirs de mère qui les lient pour jamais à l'éducation de leur famille (*matris munus.*) De ces trois expressions, celle qui s'associe davantage à l'ensemble des cérémonies mêmes du mariage, c'est le mot *nuptiæ.* Voulez-vous savoir, dit Quintilien, ce que nous appelons les noces : voyez cette jeune fille que son père a livrée à son époux, et qui marche dans un appareil de fête au milieu du concours du peuple (1). Ensuite le nom des cérémonies du mariage fut appliqué au mariage lui-même; mais il ne paraît pas l'avoir été d'abord à tout mariage. Il fut longtemps réservé à cette union dite *justum* ou *legitimum matrimonium*, qu'on semble avoir opposée à un mariage imparfait, *non legitimum* (2), celui que contractaient ensemble un citoyen romain et une Latine ou Pérégrine, avec laquelle il n'avait pas le *connubium*.

Cette union se distinguait du mariage légitime ou spécial aux seuls citoyens romains entr'eux, en ce qu'elle ne produisait pas la puissance paternelle, ne donnait point le droit à l'homme d'intenter contre la femme *jure mariti* l'accusation d'adultère qu'il ne pouvait intenter que *jure extranei*. Le temps fit tomber en désuétude la distinction du mariage parfait ou imparfait; et dans la définition des instituts figurent comme synonymes les mots *nuptiæ* et *matrimonium*, qui expriment indifféremment ou les cérémonies qui ont présidé au lien conjugal, ou les devoirs et les droits nouveaux créés pour les époux par le mariage accompli selon les formalités prescrites.

Nous arrivons à ces formes requises pour contracter légitimement le mariage.

Quelles sont à Rome les formalités nécessaires à la validité du mariage ? telle est la question qui doit préoccuper le jurisconsulte.

La forme du mariage, disent les commentateurs, consiste dans un consentement; et cependant, le consentement semble dans la pratique n'être pas suffisant, puisque des modes déterminés président aux diverses espèces d'unions. Il y a donc des formalités préliminaires ou essentielles, qui sont les consentements requis par la loi; il y a les formalités concomitantes, qui sont les cérémonies proprement dites. Nous aurons à examiner dans quel sens il est vrai de dire que le consentement est suffisant, et aussi jusqu'à quel point les cérémonies sont nécessaires à la perfection du lien conjugal.

---

(1) Declam. 306. — (2) V. l. 37, § 2, ad municip. — G. 1, 56.

CHAPITRE II.

Consentement.

Il ne saurait y avoir de mariage, dit le jurisconsulte Paul, sans le consentement de toutes les parties, c'est-à-dire de ceux qui se marient et de ceux sous la puissance desquels ils se trouvent.

En ce qui touche le consentement des époux, il est tellement de l'essence du mariage, qu'on a été jusqu'à dire qu'à Rome il constitue le mariage; si bien que là où se trouve évidente une volonté réciproque de se prendre pour mari et femme, là aussitôt il existe un mariage produisant tous les effets civils, et donnant droit à la protection de la loi. C'est ce qu'exprime cet adage si connu : « Nuptias cousensus facit, non concubitus. » Nous verrons bientôt comment il faut restreindre le sens de ces expressions.

Il est superflu de dire que le consentement donné par les futurs époux doit être effectif et sérieux; dès lors est nul le mariage auquel les parties n'ont consenti qu'en apparence (1) ou dans un moment de folie (2), ou par contrainte (3). Toutefois la crainte révérentieuse du fils qui, par obéissance pour son père, épouse une femme qu'il n'aurait pas épousée si son choix eût été spontané, n'implique pas une contrainte suffisante pour rendre nul ce mariage; car ce fils est censé avoir préféré ce mariage aux suites de sa désobéissance. « Maluisse videtur (4). »

Quand on se rappelle sur quels principes reposait la famille romaine, on comprend facilement que les contractants ne sont pas seuls parties intégrantes au mariage, et que pour qu'il y eût consentement de tous les intéressés, il faut aussi l'assentiment des personnes sous la puissance de qui les futurs époux se trouvent actuellement ou doivent tomber un jour.

En effet, à Rome, le chef d'une famille la tient tout entière sous sa main et sa puissance; nul n'y peut entrer,

(1) L. 30, de rit. nupt. — (2) L. 16, § 2, de rit. nupt.
(3) L. 21, de rit. nupt. (4) L. 22, de rit nup.

nul n'en doit sortir sans sa volonté : il n'est pas moins le maître que le père de ses enfants.

Donc le mariage qui par la *manus* fait entrer sa bru dans sa famille ou en fait sortir sa fille, qui peut enfin lui donner pour héritiers les enfants de son fils, est un fait qui l'intéresse de trop près pour qu'il n'y intervienne point. Ainsi cette solidarité des personnes composant une même famille, cette communauté d'intérêts qui la résume pour ainsi parler dans la personne du père ou de l'aïeul, voilà le fondement de cette autorisation paternelle qui doit venir compléter la volonté des contractants ; et ce serait à tort qu'on voudrait rattacher cette nécessité qu'explique assez l'organisation de la famille romaine, à une pensée de protection spécialement due en cette matière aux jeunes gens que les années et l'expérience n'ont pas encore mûris, puisqu'un adolescent *sui juris* pouvait se marier sans autre consentement que le sien, tandis qu'un homme ne le peut pas dès qu'il est en puissance. Il faut conclure de ces principes que le droit de consentir au mariage dure aussi longtemps que la puissance paternelle, cesse par tout événement qui y met fin comme l'émancipation (1), n'appartient enfin qu'aux personnes qui peuvent avoir la puissance paternelle, c'est-à-dire à l'aïeul paternel d'abord, puis au père, à l'exclusion des aïeules et de la mère. Ajoutons que lorsque le futur époux est sous la puissance d'un aïeul avec son père, le consentement du père est nécessaire comme celui de l'aïeul, puisque les enfants tomberont plus tard sous la puissance de leur père quand celui-ci, par la mort de l'aïeul, sera constitué à son tour chef de la famille, et pourront ainsi devenir ses héritiers. La même règle ne saurait s'appliquer aux enfants de la fille qui, naissant dans la famille du mari de celle-ci, n'ont rien de commun avec leur aïeul maternel.

Gardons-nous cependant de tirer de ces principes des conclusions trop absolues, et ne croyons point que le mariage du fils de famille dépende absolument de la volonté de son père : c'est une justice à rendre à la législation romaine, qu'elle chercha souvent à corriger la rigueur du droit par les règles de l'équité puisées dans le droit prétorien ; nous en voyons un frappant exemple dans la loi Julia. Aux termes de cette loi, le fils a le droit de faire cesser, par l'autorité des proconsuls et des présidents de province, la résistance injuste que son père

____

(1) L. 25, de rit. nup.

opposait à son mariage, c'est-à-dire de l'obliger à lui chercher un parti, et même, d'après une constitution de Sévère et d'Antonin, à le doter (1).

Les deux seuls cas où la loi dispense le fils du consentement de son père, ce sont ceux d'absence ou de captivité depuis trois ans, et de folie ou d'imbécilité du chef de famille ; la raison qu'on peut en donner, c'est qu'ici *publica nuptiarum utilitas exigebat* (2). Toutefois Justinien corrige ce que cette exception pourrait avoir de dangereux, en prescrivant au fils aussi bien qu'à la fille de l'imbécile ou du fou, de prendre, préalablement à son mariage, l'avis du préfet de la ville ou du gouverneur de la province ou de l'évêque, tant sur la personne du futur conjoint que sur la dot et les donations à cause de la mort (3).

Pour que le consentement du père soit sérieux, il doit précéder le mariage : peu importe toutefois la forme dans laquelle il sera exprimé ; il peut même être tacite. Si deux personnes-veulent, après un premier mariage dissous par un divorce régulier, en contracter un second, il nécessite aussi bien que le premier le consentement paternel. Enfin, quelque nombreux que fussent les priviléges du militaire, s'il était en puissance, il ne lui était pas permis de se marier sans l'assentiment de celui de qui il dépendait.

Les hommes *sui juris* purent toujours se marier sans autre consentement que le leur. Il en fut autrement des femmes : par leur constitution physique, par leur éducation et leur nature morale, les femmes sont plus faibles et plus longtemps susceptibles de céder à la séduction. Pour les protéger contre elles-mêmes, la loi les plaçait jusqu'à vingt-cinq ans sous la direction de leur famille : à cet âge les filles, quoique affranchies de la puissance paternelle, étaient subordonnées pour le mariage au consentement de leur père, ou de la mère si le père n'était plus. Si enfin, privée de son père et de sa mère, confiée aux soins d'un curateur, la jeune fille hésite entre plusieurs compétiteurs également honorables, ou rougit de déclarer ses secrètes inclinations, le juge décide en présence des parents quel est le parti le plus avantageux. Longtemps un précédent mariage parut une garantie suffisante d'expérience et de maturité ; et les veuves, pour en contracter un nouveau,

___

(1) L. 19, de rit. nupt. — (2) L. 10, 11, 12, § 3. — (3) C. 25, de nupt.

furent dispensées de tout consentement étranger : mais le mariage que vient de rompre un événement imprévu ne fait peut-être que rompre les liens d'une timidité salutaire, et de jeunes veuves sont souvent plus libres et plus exposées. Ces considérations firent soumettre aussi le mariage des veuves à l'assentiment de leurs parents : restées orphelines, les filles et les veuves au dessous de vingt-cinq ans étaient tenues de soumettre leur mariage à l'assentiment des parents les plus proches, leurs héritiers présomptifs. Mais le refus qu'on y opposait n'était pas un arrêt irrévocable : la fille ou la veuve pouvait en appeler aux juges publics, et leur sentence décidait du mariage (1).

CHAPITRE III.

Cérémonies.

Quoique le mariage à Rome réside essentiellement dans le consentement, et qu'il existe indépendamment de toute cohabitation, il est néanmoins intéressant pour la science du droit de préciser le moment, l'acte ou, si l'on veut, la forme juridique qui donne à ce consentement une valeur appréciable, qui créera pour les époux une situation nouvelle dans la société, et enfantera cette puissance maritale à laquelle va se joindre bientôt la puissance paternelle. Or, ce qui apparaît à Rome dans la forme du mariage, la cérémonie principale que les autres ne faisaient que préparer, embellir ou conclure, c'était une conduite solennelle de la femme au mari, *pompa, deductio*.

Les Grecs, les anciens peuples du Latium, avaient connu le même usage; et le culte de la déesse *Domiduca*, qui se rattache aux antiquités latines, atteste que déjà c'est dans cette pensée que se résume le mariage pour les ancêtres de ce peuple fidèle observateur des traditions séculaires. Ajoutons toutefois que les Romains n'avaient pas eu l'idée de faire de la célébration du mariage un acte public dans lequel dût être exigée l'intervention de la société. Ils avaient complétement laissé ce contrat dans la classe des actes privés : à l'aide de ces

(1) L. 18, 20, de nuptiis

notions préliminaires on peut expliquer cette espèce de mobilité qui préside aux formes en usage pour la tradition de la femme au mari.

On s'étonne moins dès-lors de voir à Rome deux modes d'union légitime purement facultatifs, et une troisième espèce de mariage, qui diffère essentiellement des autres sous le rapport des formes et pour la condition de l'épouse, mais qui peut d'ailleurs produire pour les enfants les mêmes effets civils.

Nous avons déjà parlé de cette troisième forme dite *ex usucapione*, qui, sans qu'aucune formalité fût nécessaire, s'opérait par la cohabitation pendant une année d'une femme libre dans la maison d'un homme, sans qu'elle eût fait une absence de trois nuits ; concubinage régulier que nous voyons encore de nos jours pratiqué en Allemagne sous le nom de mariage de la main gauche, *ad morganitiam*. Nous n'y reviendrons point dans l'énumération des diverses unions en usage, et nous arrivons aux véritables formes du mariage à Rome : ce sont la *confarreatio* et la *coemptio*.

La *confarreatio*, empruntée aux rites religieux de l'Étrurie et introduite par Numa, était accompagnée de pompes, de publicité, et de cérémonies symboliques : elle tirait son nom de l'offrande du gâteau sacré que les époux se partageaient comme signe de la communauté d'existence qui allait commencer pour eux : elle demandait la présence de dix témoins, et était consacrée par des paroles solennelles. Toute personne ne pouvait pas en avoir l'honneur : mais à qui était réservé cet honneur? Les interprètes ne s'accordent pas dans leur opinion. Les uns disent qu'il n'appartenait qu'aux patriciens, d'autres aux pontifes seulement : il en est qui pensent qu'il était circonscrit dans la classe des citoyens romains.

Ce qui a pu faire dire qu'il n'était donné qu'aux pontifes de se marier par *confarreatio*, c'est que les prêtres de Jupiter, connus sous le nom de Flamines, ne pouvaient être choisis que parmi les patriciens nés de ces unions solennelles.

L'immolation d'une victime, la consécration de ce gâteau de froment pur, se rattachant, dit-on, au mythe de Proserpine fille de Cérès, qui ne put quitter la demeure de Pluton parce qu'elle y avait goûté d'un fruit mystérieux, tout cet appareil religieux déployé dans un temple, devant l'autel de Junon, sous les auspices du grand-prêtre et du flamine de Jupiter, attestent la haute idée que les anciens Romains s'étaient faite du mariage ; ils ne croyaient pouvoir lui donner de garantie plus efficace qu'en l'associant au culte de la divinité. Cette consécration donnée dès l'abord au mariage ainsi célébré lui imprimait aux yeux de tous un caractère particulier d'indissolubilité qui excluait, dans les *confarreatæ nuptiæ*, la faculté du divorce et de la répudiation permis dans les autres mariages. Durant la vie des époux, le mariage *per confarreationem* ne pouvait être rompu que par des moyens semblables à ceux qu'on avait employés pour le former, et une autre cérémonie religieuse appelée *diffareatio*.

Quand Rome vit s'altérer ces traditions primitives qui lui faisaient rattacher à ses dieux les institutions de la patrie, quand elle cessa de mettre dans la bouche de ses poëtes cette parole qui avait fait la force de sa jeunesse, « *a Jove principium* », alors, au rapport de Tacite, devint de plus en plus rare la pratique des *confarreatæ nuptiæ :* la difficulté des cérémonies qu'on voulait s'épargner, et la peine qu'éprouvaient les pères à voir enlever à leur puissance les fils qui devenaient flamines et les filles qu'épousaient ces pontifes, firent substituer peu à peu à la *confarreatio* la seconde forme du mariage connue dans la législation romaine, la *coemptio*.

Un mode de mariage moins élevé, mais plus usité et aussi efficace pour la légitimité de l'union, se pratiquait sous l'apparence d'un achat réciproque, *ex coemptione*. Cet achat était destiné à faire acquérir la femme par le mari suivant les formalités civiles nécessaires à l'établissement de la propriété quiritaire ; la balance, la pièce de monnaie, la répétition des formules consacrées, l'intervention de cinq témoins citoyens romains, étaient requises comme pour toute vente du droit strict (1).

Quand les deux contractants s'étaient demandé tour à tour s'ils voulaient se donner l'un à l'autre, et que chacun avait répondu qu'il le voulait bien, cette double vente figurée de la femme au mari et du mari à la femme, celle-ci en livrant sa main passait au pouvoir de son époux. En se rendant à la demeure du mari, l'épouse apportait trois deniers, un à la main qu'elle lui donnait, un dans sa chaussure qu'elle offrait aux dieux, et l'autre dans une bourse d'où elle le tirait pour le déposer près de l'habitation. Le premier figurait le prix de l'acquisition de son époux ; le second, des pénates ; et le

____

(1) Gaïus, I. 112. — Tacite, Ann. IV, 6.

troisième, de l'entrée de la maison. On a prétendu que la fiction de l'achat dans la *coemptio* avait pu prendre la place d'une vente réelle au commencement. C'est là une conjecture que semble autoriser une ancienne inscription annonçant un paiement réel : « Antoninam Volumninam virginem, Violent.

Auspic. a parentibus suis coemit (1). » D'après cette interprétation, le prix d'acquisition de la femme aurait sans doute représenté l'indemnité due à ses parents à raison du droit de succession qui leur était enlevé par son changement de famille. En tout cas, l'on peut dire que la vente de la femme, soit véritable soit simulée, laquelle dans les coutumes de tous les peuples barbares est la loi générale du mariage, servait aussi à Rome à l'établissement du lien conjugal. Si le mariage *ex confarreatione* était réservé aux pontifes et aux patriciens, le mariage *ex coemptione* était permis à tous les citoyens romains : mais il était interdit aux étrangers; et cette sorte d'union solennelle, réputée honorable ainsi que la première, conférait à la femme les titres de « justa uxor, tota » uxor, materfamilias, » En cette qualité elle faisait partie de la famille du mari, entrait avec lui en participation des mêmes dieux et des mêmes biens, et devenait son héritière s'il n'avait pas d'enfants légitimes.

Quelque accréditées que fussent les formes que nous venons d'exposer, il ne faut pas cependant oublier qu'aucune solennité n'était commandée, qu'aucun écrit public ni privé n'était exigé pour établir le mariage. Il pouvait se contracter par de simples consentements verbalement donnés, et il se prouvait par l'exécution (2), la seule remise de la femme au mari sans autre formalité.

Ainsi les cérémonies de la conferréation, avec leur ensemble pompeux, leur publicité, n'avaient pour résultat que d'imprimer au mariage un caractère de certitude incontestable; les formalités de l'acquisition réciproque le démontraient aussi avec assez d'évidence : mais ni l'un ni l'autre de ces modes n'était d'obligation pour personne, ils étaient même interdits aux étrangers.

Nous verrons plus tard que lorsque le christianisme substitua ses cérémonies à celles des païens, ce ne furent encor que des pratiques pieuses qui n'étaient pas ordonnées par l

(1) Heineccius, Comm. ad legem Juliam, p. 225.
(2) L. 9 et 22, c. de nuptiis.

loi et dont l'omisson n'infirmait en rien la validité du mariage.

La loi n'exigeait point, en général, de contrat pour établir le mariage : cependant Justinien, frappé du danger de la preuve testimoniale pour la justification d'un acte d'une aussi grande importance, ordonna par sa Novelle 74, que le mariage des personnes élevées aux premières dignités « et se- » natores et magnificentissimos illustres » ne pourrait s'éta- blir que par un contrat de conventions matrimoniales; les citoyens d'un rang inférieur, quoique honnête, « in militiis » honestioribus et omnino professionibus dignioribus; » ne furent pas soumis à cette obligation : le contrat ne fut que facultatif pour eux, mais l'empereur voulut qu'ils décla- rassent leur mariage dans une église, au défenseur en pré- sence de témoins : il laissa subsister l'ancien droit pour les personnes de condition obscure.

Mais Justinien revient lui-même bientôt sur ces innova- tions : la Novelle 117 décida que les étrangers, dans quelque rang qu'ils fussent, et toutes personnes à l'exception des Ro- mains revêtus des plus hautes dignités, pourraient établir leur mariage par le fait seul de leur union.

Aux cérémonies résumées dans les deux principales formes du mariage, à Rome se rattachaient certaines croyances qui révèlent quelle importance même superstitieuse les anciens Romains attachaient pour la vie tout entière aux solennités nuptiales. Ainsi l'on ne croyait pas que tous les jours fussent favorables pour célébrer le mariage. Les anciens s'abste- naient de se marier les jours de fête, surtout quand ils épou- saient une vierge, parce que c'était un crime que d'exercer une violence ces jours-là, et qu'on était censé faire violence à une vierge en la mariant.

Le premier jour du mariage était consacré à la Pudeur, que le paganisme avait divinisée ainsi que la plupart des vertus morales. Quel que soit l'intervalle qui a dû sur ce point exister entre la théorie et la pratique, l'on n'est pas peu sur- pris de trouver au sein du polythéisme comme un débri perdu des traditions primitives, une pensée religieuse essayant en quelque sorte de consacrer ces premiers moments de la vie conjugale. A l'Eglise seule il devait être donné de poursuivre efficacement ce but : on sait comment elle l'entreprit par la prescription, longtemps en vigueur, de l'abstinence du ma- riage pendant les trois premières nuits. Le sens de cette cou- tume a été longtemps défiguré par l'ignorance et la mauvaise foi, jusqu'au jour où une plume réparatrice est venue lui rendre, par la mise en lumière d'irréfutables témoignages, sa véritable et touchante signification (1).

Quelles que fussent à Rome les conséquences pratiques de cette consécration du premier jour à la Pudeur, comme elle ne permettait à la nouvelle mariée d'exercer que le lendemain l'autorité de maîtresse de la maison, et de faire en cette qualité les sacrifices religieux, c'était un usage strictement observé de ne pas se marier un jour qui se trouvait la veille de ceux qu'un décret des pontifes avait déclarés des jours malheureux, par la raison qu'en ces jours il était défendu d'offrir des sacrifices. On prenait encore bien garde que le jour où commençait la cérémonie ne fût troublé par aucun mouvement dans le ciel, ni par aucun tremblement de terre. Outre les cérémonies spéciales à chacune des espèces de mariage que nous avons examinées, l'usage avait consacré, pour les mariages des personnes sorties des classes supérieures, une foule de cérémonies empreintes de charme et de la plus gracieuse poésie. Les Romains s'imaginaient sans doute faire disparaître, en la dissimulant sous les riantes apparences des formes, la rigueur du droit strict.

Ainsi, après la demande de la fille, les fiançailles et les présents d'usage, les futurs conjoints se donnaient réciproquement un baiser qu'on nommait *osculum*, et qu'il ne faut pas confondre avec le *basium* ni le *suavium*; car, ainsi que l'a fort bien distingué Donat, « Oscula officiorum sunt, basia pudicorum affectuum, suavia libidinum vel amorum. »

On indiquait ensuite le jour des noces, ce qui s'appelait *dicere diem nuptiis.*

Le premier jour le fiancé allait rendre visite à sa future. La nuit suivante il couchait chez elle, mais dans une chambre séparée; vers les deux heures du matin la fiancée quittait la maison de son père, et c'était alors à proprement parler que commençait la cérémonie du mariage. Le futur époux se rendait à un temple, où l'on faisait, en présence de dix témoins, le sacrifice dont nous avons vu le détail dans la *confarreatio.*

Au sortir de cette cérémonie la nouvelle épouse paraissait en public couverte d'un voile qu'on appelait *flammeum* et qui était jaune ou couleur du feu, regardée de bon augure, la tête

_____

(1) *Des Droits du seigneur au moyen âge.* (L. Veuillot.)

ornée d'une couronne de cheveux en signe de sa chasteté garantie à son mari, et d'un dard de pique, emblème de soumission; revêtue enfin d'une tunique sans couture sur laquelle on mettait une ceinture de laine de brebis. Dans ce costume, avec lequel elle était sortie de la maison paternelle pour se rendre au temple, elle suivait son père, ses parents et ses amis. Ce cortége était précédé de plusieurs joueurs d'instruments. Parmi les parents des deux époux il y en avait un qui portait un bouquet d'épine blanche; cinq autres portaient des flambeaux de cire; un autre tenait une espèce de corbeille dans laquelle étaient les ustensiles de la mariée; on portait aussi devant elle une quenouille coiffée de laine. Lorsque l'épousée était arrivée avec toute sa suite à la maison de son mari, qui était ornée de feuillage, on lui demandait comment elle se nommait, et elle répondait qu'elle s'appelait Caïa, et prononçait cette formule solennelle : « Là où vous êtes Caïus, je suis Caïa, » pour marquer l'union qui devait lier les deux époux l'un à l'autre. Sur le pas de la porte se trouvaient de l'eau et du feu que les mariés touchaient avant d'entrer dans la maison; alors l'un des parents disait : « Participez à l'eau et au feu de votre mari; » rappelant par là que l'eau et le feu sont les deux choses les plus utiles à la vie que les époux doivent passer ensemble.

Après toutes ces cérémonies, la femme affectait de ne pas vouloir entrer chez son mari, et se tenait avec obstination à la porte, pour marquer qu'elle n'irait que malgré elle dans un endroit où elle devait cesser d'être vierge. Alors les amis communs l'enlevaient, et lui faisaient franchir le seuil de la porte, où elle ne posait pas le pied.

Le reste de la journée se passait en sacrifices, en danses et en repas, pendant lesquels on chantait au son de la lut, des épithalames, du mot consacré *Thalassio*, comme chez les Grecs on chantait Hymen.

Sous le règne de Tibère, au rapport de Tacite, l'usage de ces unions s'était perdu dans presque toutes les familles, et les solennités symboliques avaient fait place aux formalités matérielles qui signalent sur ce point comme sur tant d'autres la décadence des traditions et l'affaiblissement des mœurs,

CHAPITRE IV.

Valeur juridique du consentement et des cérémonies.

Après avoir passé en revue les fondements du mariage romain, et sa forme ou manifestation par les cérémonies nuptiales, il nous reste à apprécier la valeur juridique de ces divers éléments, et à nous demander à quelle condition était soumis le mariage pour arriver à cette existence légale sans laquelle il ne produisait point d'effets civils. Pour qu'il fût valable, suffisait-il du seul consentement? ou bien fallait-il en outre que la femme eût été mise en possession du mari par la tradition?

Il est incontestable que les solennités en usage, et même celles de la *deductio* qui semblent avoir plus spécialement résumé sa forme, n'étaient point nécessaires pour que le mariage fût parfait : ce point est établi par plusieurs textes et notamment par la constitution 22 au code des *Nupt.*, qui s'exprime ainsi : « Si pompa aliaque nuptiarum solemnitas omit-
» tatur, nullus existimet ob id deesse recte alias inito matri-
» monio firmitatem. » Mais de ce texte faut-il conclure que le consentement suffisait seul à la perfection du mariage? ou fallait-il en outre que la tradition intervînt sous une forme ou sous une autre, avec son caractère propre, c'est-à-dire la mise de la femme en la possession du mari? Ce fut une doctrine admise longtemps sans contestation, que le mariage était purement consensuel en droit romain (1).

Il était, d'après une doctrine plus récente, réel; et la *deductio* exprimait sous une forme ordinaire, mais non pas indispensable, la remise de la femme et la prise de possession du mari sans laquelle les deux époux n'étaient point liés l'un à l'autre.

A l'appui de l'opinion qui veut que le mariage soit un contrat purement consensuel, on invoque comme un argument sans réplique le texte d'Ulpien, qui semble la théorie même du mariage romain dans sa notion la plus générale : « Nup-
» tias non concubitus, sed consensus facit (2). » Ce consentement, il suffit pour les fiançailles : « Sponsalia consensu con-

---

(1) Cujas; Doneau, lib. 13, cap. 20, Pothier. — (2) Ulpien fragm., 15.

» trahentium fiunt (1). » La concubine se distingue de l'épouse par la seule intention de celui qui la choisit : « Concubinam » ex sola animi destinatione estimari oportet (2). » Or, l'intention qui suffit pour les fiançailles, qui fait reconnaître le *concubinat*, désigne aussi le mariage : donc aucune formalité n'est nécessaire pour le mariage, pas plus que pour le *concubinat*.

Un fragment du texte des Institutes de Gaïus, dans le *Brevarium*, ne semble pas moins explicite : « Legitimæ sunt nup- » tiæ si Romanus Romanam, nuptiis intervenientibus vel » consensu, ducat uxorem (3). » Deux espèces surtout semble- raient décisives dans ce sens : dans la première il s'agit d'un homme « qui absentem accepit uxorem, deinde rediens acenâ » juxta Tiberim decidit. » C'est en qualité d'épouse que cette femme le pleurera. « Ab uxore lugendum (4) ; » dit le juris- consulte. Dans la seconde, le principe que les donations ne sont pas permises entre époux soulève la question de savoir à partir de quel moment une donation sera nulle, comme ayant été faite entre époux (5). *Seia* doit épouser *Sempronius* à un jour déterminé : elle lui fait une donation dans les formes prescrites, avant la conduite solennelle à la maison du mari, et la signature de l'acte dotal : est-ce là une donation faite entre époux? La question ne s'élèverait pas, si la *deductio* était nécessaire à la validité du mariage. Dans cette interprétation, tant qu'elle n'aurait pas eu lieu, le mariage n'existerait pas. Ce doute émis par le jurisconsulte suppose donc que les faits énoncés ne renferment pas des éléments de preuve suffisants sur l'existence du mariage : parce que le consentement qui suffit pour le créer avant même la signature de l'acte dotal, et la conduite à la maison du mari, ne résulte pas assez claire- ment des circonstances qui précèdent. Cet ensemble de textes semblerait décisif en faveur du caractère purement consen- suel du mariage romain.

Toutefois l'opinion contraire a prévalu, et c'est, selon nous, à juste titre : en effet, quand nous voyons, à Rome, la femme devenir, dans la forme la plus usitée du mariage, la pro- priété du mari par le seul fait de la mancipation avec la pièce d'airain et la balance ; quand nous la voyons, en l'absence

---

(1) Jullien, fragm. de sponsalibus. — (2) L. 5, de concub.
(3) Lib. 1, t. 5. — (4) De rit. nupt. fragm. 6.
(5) L. 66, de donat. int. virum et uxorem.

même de toute solennité, prescrite comme une chose mobi-
lière au bout d'un an de possession, à moins que, par trois
nuits d'absence du domicile conjugal, elle n'ait interrompu
cette prescription, n'est-il pas naturel d'induire de ces faits
la nécessité pratique d'une tradition quelconque de la femme
pour que le mariage existât ?

Mais cette induction si naturelle *a priori*, et par le seul
examen de la pratique, est surabondamment corroborée par les
textes.

En effet, le paragraphe 1ᵉʳ de cette loi 66 sur laquelle
se fonde l'opinion contraire, lève le doute que l'on prétendrait tirer par un argument *a contrario* de l'espèce tirée
d'une donation faite le jour des noces. Il s'agit d'une jeune
fille conduite, ainsi que nous l'avons vu, trois jours avant
le mariage dans l'habitation de son fiancé; elle y occupe
un pavillon séparé; puis, le jour des noces, avant d'avoir
passé dans le logement particulier du mari, *priusquam ad
eum transiret*, avant d'avoir été reçue par l'eau et le feu,
ce qui fait allusion aux cérémonies de cette transition,
cette femme donne au mari dix pièces d'or : cette somme
peut-elle être répétée plus tard, comme ayant été donnée
entre époux? Non, est-il répondu, car la donation a précédé
les noces : donc le passage de la fiancée de sa maison au domicile conjugal est regardé comme une condition essentielle
pour l'existence du mariage.

Si le mariage était consensuel, il s'ensuivrait qu'il pourrait être contracté entre personnes absentes, car il suffirait
que leur volonté respective parvînt à la connaissance de chacune d'elles, soit par lettres, soit de toute autre façon; et l'on
peut dire d'une manière générale que les contrats qui n'ont
besoin pour exister que du seul consentement, doivent pouvoir
se faire par lettres, par messages, aussi bien que par paroles (1).
Cependant Paul, dans ses *Sentences*, dit formellement que la
femme absente ne peut se marier ni par lettres ni par messages, *femina absens duci non potest* (2); donc on exigeait pour le
mariage autre chose que le seul consentement, et cette autre
chose c'était la présence de la femme sur le lieu du domicile
de son mari; c'était qu'elle pût être conduite à ce domicile.
Cette condition accomplie, le mariage sera valide, sans même
que la présence du mari à son propre domicile soit indispen-

<hr>

(1) Inst. liv. 3, t. 22, oblig. ex consensu. — (2) Lib. 2. t. 10, § 8.

sable. Et voilà pourquoi le jurisconsulte ajoute : *vir absens uxorem ducere potest;* car son absence du domicile conjugal n'empêche point que la femme puisse y être conduite en vertu du consentement des deux contractants : et c'est cette deductio même, compatible avec l'absence du mari, qui constitue le mariage.

Ne nous étonnons plus dès lors de trouver pour exprimer le mariage ces expressions : « uxorem ducere, uxor duci. » Ces mots, pris dans leur acception naturelle, désignent le mariage dans le fait le plus saillant qui le caractérise. Ils sont ici irréfutables comme démonstration. Si le mariage n'est pas subordonné à cette conduite de la femme, l'expression *uxorem ducere* est une énigme ou un non-sens.

On a prétendu que *uxorem ducere* n'est qu'une expression correspondante à celles-ci, *nubere, nuptiæ,* avec lesquelles elle désigne, tantôt le mariage même, tantôt les cérémonies du mariage. Nous pourrions répondre que le premier sens est le plus fréquent; qu'alors même que l'on veut exprimer la cérémonie du mariage, on désigne naturellement celle dans laquelle il consiste; qu'enfin, dans l'espèce de Paul que nous avons citée, sans parler de ses termes nets et précis, l'expression *uxorem ducere* se trouve placée entre deux règles concernant le mariage et non sa forme; donc l'essence du mariage aussi bien que sa forme c'est une tradition : c'est à tort que Doneau a dit que la *deductio* est seulement nécessaire lorsque les parties en sont convenues : rien ne justifie cette distinction ; et la nécessité de la *deductio,* ou plutôt du principe qu'elle renferme, ressort clairement et sans exception de tous les textes.

Sans cette interprétation, comment interpréter ces lois si explicites, notamment celle d'après laquelle la condition de se marier est remplie dès que la femme a été conduite au mari ; « Statim atque ducta est uxor, quamvis nondum in cubiculum mariti venerit (1); » et ce texte, par lequel Aurélien décide qu'une donation faite le jour des noces à la fiancée qui était encore dans sa maison, est antérieure au mariage, mais que celle qui est faite après que la femme a été *conduite* dans la maison du mari est postérieure au mariage (2) ?

Quelle signification aurait ce passage de la femme dans la maison du mari, si elle n'indique pas le fait donnant existence au mariage, je veux dire la tradition ?

(1) Dig. 36, 1, de cond. et demonstr. l. 15.
(2) Cod. 4, 3, de don. ante nupt., l. 6.

Ce commentaire, objectera-t-on, explique bien les lois qui représentent la tradition de la femme comme nécessaire au mariage ; mais que deviennent alors les textes qui semblent dire que le consentement suffit ?

Ces antinomies apparentes trouvent leur conciliation dans la théorie suivante :

Les formes symboliques que nous avons vues n'étaient point essentielles à la célébration du mariage, mais servaient seulement à couvrir l'âpre austérité du droit. Le droit, qu'exigeait-il pour qu'il y eût mariage ? Une seule chose, que le mari fût mis en possession de sa femme ; voilà la signification de la *deductio*. Mais cette mise en possession ne pouvait résulter que de la tradition, et dès lors il s'ensuit qu'elle pouvait être effectuée selon toutes les formes que révélait à Rome la tradition ; car elle n'était elle-même qu'une tradition analogue à celle des choses dont la propriété est transférée. Les règles de cette mise en possession furent donc celles de la tradition. Or la tradition, comment pouvait-elle s'opérer ? C'était d'abord par un déplacement matériel de la chose, qui passe des mains de celui qui donne dans les mains de celui qui reçoit. Ce mode est précisément celui que les mœurs avaient consacré pour le mariage. Voilà donc la portée juridique de cette pompe nuptiale, dans la poésie de laquelle l'examen fait facilement découvrir la conduite ou la remise légale de la femme au mari. Mais la tradition peut se faire aussi par le dépôt de l'objet donné dans un lieu où il est au pouvoir de l'acquéreur, par exemple dans sa maison (1) ; ainsi nous le disent les textes, et pour le débiteur qui dépose devant le créancier l'argent qu'il lui paie (2), et pour le vendeur qui montre à son acquéreur le fonds qu'il lui abandonne (3).

La tradition peut se faire enfin par le seul consentement des parties en présence de la chose : la vue et la volonté suffisent sans le toucher et l'appréhension (4), surtout pour les objets qui, par leur nature ou par leur poids, ne peuvent être facilement déplacés ; tandis que, sans l'intention, le déplacement matériel ne suffit jamais (5).

(1) L. 18, § 2, de acq. rer. dom.
(2) Dig. 46, 3, de solut. et liberat., liv. 79.
(3) Dig. 41, 2, acquir. et amitt. possess., l. 1, § 21.
(4) L. 1, § 21, de acq. vel amitt. possess.
(5) L. 18, § 1, de acq. rer. dom.

Il résulte de ces divers modes, que la tradition nécessaire au mariage est parfaite quand la femme a été conduite solennellement à la maison du mari, et remise entre
ses mains ; elle l'est encore quand la femme est conduite
à la maison du mari et mise à sa disposition, bien qu'il
soit absent ; elle l'est enfin, quand le futur et la future, placés
en la présence l'un de l'autre, consentent mutuellement au
mariage ; et c'est dans ce sens que l'on peut dire que le mariage se forme par le consentement ce qui n'exclut pas la
nécessité de la tradition simplifiée ici par la présence des
deux époux. Ainsi donc, ces expressions, « matrimonium
» contractum consensu intelligitur, » se rapportent au cas où
la femme étant en présence du mari au moment où le consentement intervient, ce consentement, emporte tradition. On
comprend, au reste, que ce consentement des parties présentes
ait pu quelquefois précéder les cérémonies nuptiales, et c'est
en ce sens qu'il est vrai de dire encore : « Deductio fit ple-
» rumque post contractum matrimonium. »

Ainsi s'explique encore pourquoi la femme absente ne
peut se marier par lettre ni par messager, puisqu'il faut au
moins, pour la tradition, que la femme soit mise en puissance
du mari ; tandis que l'homme absent peut au contraire se
marier par lettre ou par messager, pourvu que la femme soit
conduite dans son domicile, car il y a alors tradition. Ainsi
s'explique enfin pourquoi la concubine ne différait de l'é-
pouse que par la seule intention (1). Le fait matériel de la
tradition existait à l'égard de toutes les deux ; mais l'intention, *affectio maritalis*, qui fait la tradition légale, manquait
à l'égard de la concubine.

Les jurisconsultes, bien qu'ils aient passé sous silence le
mot tradition dans les formes du mariage, le considéraient
néanmoins comme une prise de possession : la violence simulée, au seuil de la chambre nuptiale, favorise encore cette
idée de prise de possession ; et de cette prise de possession à
la tradition, l'intervalle est insaisissable, ou plutôt la différence est nulle, puisqu'il n'y a pas de possession sans une
tradition préalable.

L'examen approfondi des textes semble donc montrer que
lemariage, en droit romain, n'était point parfait par le seul
consentement ; mais cette idée de tradition, qui en était la

____

(1) Dig. 25, 7, de concub., l. 1.

base et qui se perdit d'ailleurs avec les idées chrétiennes régénérant la société conjugale, ne nous autorise pas à dire cependant que le mariage ait été à Rome un contrat réel.

Par un contrat réel on entend un contrat qui produit des obligations garanties par l'action *in personam*, ainsi le louage: mais aux *justæ nuptiæ* se rattachent des devoirs, ce qui ne veut pas dire des obligations dans le sens juridique de ce mot; et l'on n'a jamais prétendu que l'un des époux eût contre l'autre, par suite du mariage, une action *in personam*, ce qui justifierait seulement l'idée d'un contrat réel.

Cette mise matérielle de la femme à la disposition du mari pourrait donc être plutôt considérée comme un état de fait, qui dès lors n'avait rien de commun avec les actions garantissant les situations juridiques créées par les contrats du droit civil.

A l'objection tirée du silence que les jurisconsultes plus récents ont gardé sur la tradition comme forme du mariage, nous ferons une seule réponse.

Ce silence sur le principe de la tradition s'explique fort bien de la part des jurisconsultes des derniers temps, puisqu'à cette époque déjà la pratique et surtout l'idée de la mise en possession du droit strict, avait fait place à des théories plus spiritualistes, fruit de la civilisation chrétienne ; le mariage, sous l'influence de ces nouvelles doctrines, cessa d'être cet état de fait auquel l'avait réduit la lettre de la loi romaine ; il devint cette société sainte que nous allons voir bientôt vivifiée du souffle et de l'esprit de l'Évangile.

DEUXIÈME PARTIE.

DE LA FORME DU MARIAGE DANS L'ANCIEN DROIT.

—

CHAPITRE Ier,

Des formalités qui devaient précéder le mariage.

Les efforts de l'Eglise, aussitôt son apparition dans le monde, tendirent, on le sait, à sanctifier le mariage, en y introduisant la notion sainte du sacrement. Cet élément nouveau élève et purifie déjà les prescriptions et surtout les cérémonies pratiquées dans le monde romain; la dernière période du droit se ressent de cette influence salutaire; des règles nouvelles sont posées, et l'idée morale se dégage peu à peu des formes superstitieuses et souvent corrompues du paganisme. Nous ne pouvons suivre pas à pas l'histoire des vicissitudes par lesquelles passa, dans les siècles primitifs de l'ère nouvelle, la forme du mariage. Le cadre restreint de cette étude nous oblige à l'envisager de suite avec les caractères saillants que lui imprime la période religieuse du droit dans laquelle elle vient d'entrer.

Nous y considérerons sommairement les formalités dont on faisait précéder la célébration, les formes qui l'accompagnaient, et la compétence du ministre qui était chargé par la loi civile comme par la loi religieuse de consacrer l'union conjugale.

Les formes préliminaires du mariage avaient, dans l'ancien droit, une grande importance; elles se résument à une seule, la publicité, qui a été de tout temps regardée comme la condition fondamentale de l'union contractée par les époux.

La publicité du mariage avait lieu autrefois par le moyen de ce qu'on appelait les bans de mariage, c'est-à-dire sa proclamation faite dans le double but d'empêcher une union clandestine, et d'arriver à la connaissance des empêchements qui pouvaient exister au mariage projeté.

Cette forme de publicité fut déjà en usage chez les anciens Francs et chez les Lombards ; le mot lui-même a passé d'Allemagne en France : *vox est Germanica*, dit un glossaire ancien, *quæ proclamationem significat*. « Les bans de mariage, dit Pothier, sont des dénonciations publiques qui se font au prône des églises paroissiales, des mariages que les parties dénommées par lesdites dénonciations entendent contracter, avec injonction à ceux qui sauraient des empêchements audit mariage de les révéler (1). »

C'est en effet à l'Église que l'on doit la publicité du mariage au moyen des publications préalables ; cet usage fort ancien, puisqu'il paraît avoir existé déjà du temps du pape Evariste (2), contemporain de Trajan, fut adopté de bonne heure dans l'Église de France, mais ne semble pas y avoir eu un caractère obligatoire avant le concile de Trente ; mais, à partir de cette époque, les bans deviennent une prescription civile.

Lorsqu'un curé avait fait les publications prescrites, quiconque pouvait avoir, par quelque voie que ce fût, avis d'un empêchement au mariage annoncé, était tenu sous des peines sévères de le révéler au curé de la paroisse. Il n'était pas même nécessaire que le révélateur fût en mesure de fournir la preuve de l'obstacle qu'il alléguait. Tout ce qu'on demandait de lui, c'est qu'il mît l'autorité chargée de la célébration sur la trace de tout obstacle à l'union projetée ; c'était ensuite au ministre à poursuivre cette investigation dans le sens où il la croyait le plus utile.

Cette intervention indirecte, demandée à la société tout entière, au mariage de chacun, montre une grande sollicitude pour rendre aussi rares que possible ces unions qui, dépourvues des garanties essentielles, n'enfantent le plus souvent que désordre et confusion.

C'était dans l'intérieur de l'église que devait avoir lieu la publication, et avec raison, puisque là aussi devait se faire la célébration.

Afin que la publicité du mariage fût sérieuse, on avait choisi, pour en faire l'annonce, le prône de la messe paroissiale du dimanche, « intrà missarum solemnia, » c'est-à-dire le moment de la semaine qui, dans ces temps de foi et

____

(1) *Contrat de mariage*, 66. — Fevret, *Traité de l'abus*, liv. 3, ch. 2.
(2) Evaristus, Epistola 1, ad episcopos Africæ. — Saint Augustin, lib. 9. Confess., cap. 7.

d'unité religieuse, rassemblait un plus grand concours de peuple au même lieu.

Cette publication devait se renouveler trois jours de dimanche ou de fête consécutifs : si une fête suivait de près le dimanche, elle pouvait avoir lieu en ce jour, pourvu toutefois qu'il y eût un intervalle compétent d'au moins, un jour franc entre chaque publication, afin de laisser aux oppositions le temps de pouvoir se produire. Nous avons dit que la publication devait avoir lieu au prône ; cette règle était si rigoureuse, que toute publication faite dans un autre moment pouvait être déclarée abusive (1).

C'est ainsi que l'on voit le parlement de Paris, par un arrêt du 28 février 1608, déclarer nulle et abusive une publication de bans faite après les vêpres, par le curé de Neufve en Barrois, en présence de l'official de Vaucouleurs, ainsi que la célébration du mariage qui avait suivi immédiatement, nonobstant une opposition : cependant certains auteurs, moins rigoureux, admettaient que les publications pourraient être faites à l'issue des vêpres, et aussi bien «extra ecclesiam quàm in ecclesia, si adsit magnus concursus populi (2), »

Elles devaient être faites par le curé de la paroisse ou par son vicaire, ou par un prêtre par lui commis : « ter a proprio » parochio intra missarum solemnia publice dénuntictur » inter quos matrimonium sit contrahendum (3), » Toute publication faite par un autre prêtre n'eût pas été valable ; c'est ce que décida, le 3 février 1692, un arrêt du parlement de Toulouse, qui déclara abusive une proclamation de bans de mariage faite par le doyen de l'église cathédrale d'Ayde, dans une autre paroisse que sa cathédrale, bien qu'elle relevât de celle-ci. Inutile d'ajouter qu'elles ne pouvaient pas davantage être faites par une personne laïque au défaut de curé : on rapporte à ce sujet qu'un sergent ayant, au refus de curé, publié lui-même son mariage à la porte de l'église, fut condamné, par arrêt du parlement de Paris en date du 12 mars 1614, à 24 livres parisis d'amende, et suspendu de sa charge pour six semaines (4).

Les bans devaient être publiés en langue vulgaire, à haute et intelligible voix, de manière à ce que tout le monde les

(1) Pothier n° 74. — Feyret, *Traité de l'abus.*
(2) Sanchez, de Matrimoniis, lib. 3, disput. 6.
(3) *Concile de Trente*, session 24, cap. 1.
(4) Louez, lettre 112, som. 6, num. 0.

entendit; et encore les noms, surnoms, qualités, profession, lieux de naissance et de résidence des parties, ainsi que de leurs pères et mères. La paroisse désignée pour cette publication, était celle où les contractants résidaient au moins depuis six mois; s'ils avaient demeuré précédemment dans un autre diocèse, il fallait une année de résidence dans la paroisse affectée aux publications (1). Si les deux futurs époux étaient domiciliés dans deux paroisses différentes, il fallait dans toutes deux des publications distinctes.

Mais ce n'était qu'après s'être assuré du consentement de l'un et l'autre intéressés, que le curé pouvait procéder à la formalité dont il s'agit : c'était là, en effet, la meilleure garantie contre toute surprise ou violence dont ils eussent pu être les victimes. Toutefois, le consentement des parties ne devait pas suffire. Un mariage contracté contre la volonté de ceux en la puissance desquels ils étaient, ne pouvait être encouragé par la loi; c'est pour cela que la déclaration du 26 novembre 1630, émanée du roi Louis XIII, enjoignait au curé qui allait publier les bans, de se faire représenter préalablement le consentement des pères et mères, tuteurs ou curateurs des futurs époux, si ceux-ci étaient enfants de famille ou en la puissance d'autrui. C'est à cette source qu'ont été puisées nos prescriptions actuelles sur le consentement et les actes respectueux.

La règle que trois publications devaient précéder le mariage n'était pas sans exception; dans des cas urgents, et pour des motifs graves, on pouvait obtenir dispense de la publication d'un ou de deux bans ; mais des abus semblent avoir cherché à s'introduire sur ce point, car défense fut faite par deux arrêts du parlement de Paris, en date des 26 novembre 1512, et 27 février 1727, aux officiaux de Paris et de Saint-Flour, d'accorder des dispenses de ban dans des limites autres que ceux spécifiés par l'ordonnance.

Quelque prétexte que l'on pût mettre en avant pour abroger les publications on ne pouvait obtenir en aucun cas dispense des trois bans ; et aux tentatives plus d'une fois faites dans ce sens, l'article 20 de l'ordonnance de Blois dut opposer ce texte formel : « On ne pourra obtenir dispenses, sinon après la première publication faite, et ce seulement pour quelque urgente et légitime cause, et à la réquisition des principaux et

____

(1) Edit. de mars 1637, art. 1.

et plus proches parents communs des parties contractantes. »

Malgré cette défense, nous voyons, s'il faut en croire Bardus, tolérer l'absence complète de toute publication; et un arrêt du parlement de Paris, du 13 juin 1634, maintient un mariage pour lequel le grand-vicaire de l'évêque d'Angers avait accordé dispense des trois bans : il fait toutefois inhibition et défense à tous grands-vicaires de ne plus accorder dispense des trois bans *sans connaissance de cause*, à peine de nullité, et de répondre en leur nom de tous les dépens, dommages et intérêts des parties (1).

Deux arrêts des parlements de Paris et de Toulouse doivent cependant être cités comme une réaction contre l'abus de ces sortes de dispenses. Ils sont datés des 27 février 1617 et 22 mars 1644, et déclarent abusive la dispense des trois bans : rien n'indique toutefois que la nullité des mariages ainsi contractés s'en soit suivie. Parmi les causes pour lesquelles étaient le plus souvent accordées ces dispenses, nous trouvons en premier lieu la crainte de voir retarder, pour un long temps, le mariage projeté par une opposition formée malicieusement et mal fondée : « Si probabilis fuerit suspicio matrimonium malitiose impediri posse, si tot præcesserint denuntiationes (2); » l'infamie dont la publication pourrait être l'occasion pour l'une des parties contractantes ; la grossesse de la fiancée qui était de nature à provoquer l'accélération du mariage, afin de ne pas accoucher peu avant ou trop peu de temps après; dans certaines circonstances spéciales, le péril qui pourrait résulter, soit au point de vue temporel, soit au point de vue spirituel, du retard apporté dans la célébration ; enfin la crainte de troubles ou de querelles qu'il importait de prévenir ou de terminer par le mariage. L'usage des dispenses d'une ou de deux publications devint, nous devons le dire, de plus en plus fréquent ; et il passa en doctrine que l'évêque pouvait les accorder dès que les pères et mères avaient donné leur acquiescement, et sans qu'il fût besoin d'alléguer aucun autre motif (3).

Si le mariage avait été contracté sans les publications prescrites, qu'advenait-il ? Ici l'ordonnance de Blois est plus explicite encore : la prohibition qu'elle a faite précédemment

---

(1) Bardet, t. 2, liv. 3, chap. 23. (Voir Pari., 11 juillet 1698,
(2) *Concile de Trente*, sess. 24, cap. 1.
(3) Arrêt de règlement du 22 décembre 1687.

de dispenser de plus de deux publications, n'avait pas pour sanction la nullité du mariage : on ne peut en dire autant de l'art. 40 : « Nos sujets, dit cet article, ne pourront valâblement contracter mariage sans proclamation préalable de bans. » La conséquence de ces expressions, c'est la nullité du mariage contracté à la fois sans publication et sans dispense. Cette disposition est encore corroborée par les articles 12 de l'édit de 1606, et 1er de la déclaration de 1639.

Toutefois, sur ce point comme sur tant d'autres, la rigueur de la loi fut singulièrement adoucie dans la pratique, et l'usage restreignit la nullité aux mariages contractés par des mineurs de 25 ans sans le consentement de leurs parents (1). Quand des majeurs ou même des mineurs, du consentement de leurs pères et mères (2), s'étaient unis sans les publications préalables, s'il n'était pas d'ailleurs entaché de clandestinité, ce mariage était valable. Cette interprétation fut approuvée par une déclaration du 16 février 1692, relative à l'insinuation de la publication des bans et dispenses de mariage. La jurisprudence civile, en adoucissant ainsi la rigueur de sa solution primitive, eut sans doute pour but de se mettre en harmonie avec la doctrine religieuse. En effet, nous voyons dans le concile de Trente que le mariage contracté sans aucune des trois publications, dans le cas même où il n'aurait pas été obtenu de dispenses, n'était pas nul pour cela ; seulement le défaut de publication créait un empêchement prohibitif. Cette doctrine n'était d'ailleurs que la confirmation des dispositions primitives sur les bans de mariage.

Cette solution devint également celle des jurisconsultes : « Banna enim, quamvis ad majorem cautelam fuerint adjecta, » non sunt usque adeo necessaria ; » — et ailleurs on trouve la même opinion : « Emissionem bannorum, sit licet de juris » necessitate, tamen sine illis matrimonium esse dici potest, » si aliæ solemnitates intervenerint (3). »

---

(1) Arrêts du parlement de Paris des 28 juillet 1634 13 juin 1634, 7 août 1638, 22 décembre et 15 mars 1687, 15 mars 1691. — Rouen, 4 mai 1632. Aix Janvier, 1651. — *Répertoire de Jurisprudence*, p. 174.— *Journal des Audiences*, t. 4, p. 41 et 322. — Pothier, Contrat de mariage, n° 60. — D'Héricourt, lois ecclésiastiques, chap. du mariage. — Bardet, liv. 7, chap. 38. — Brodeau sur Louet. (Lettre *M*. somm. 6, nos 55, 56, 70, 01.)

(2) *Mémoires du Clergé*.

(3) Dominicus soto in lib. 4, sent. distinct. art. 25. — Angelus de clavasio, in summa V° *clandestinum* et U° *matrimonium*. — Melchior Canus

Les auteurs du temps, après avoir établi la règle en vertu de laquelle les publications des bans sont de rigueur, font une seule exception qui fait bien voir que toutes les fois que le résultat que le législateur avait voulu atteindre par les publications était obtenu sans elles, on pouvait s'en passer : elle est relative au mariage qu'a ordonné un arrêt ou une sentence dont il n'y a pas d'appel, dans le but d'éviter un scandale quelconque. Dans ce cas, il était d'usage de célébrer le mariage dans l'église Saint-Barthélemy, paroisse du palais ; la publicité était donc de fait suffisante, et les publications antérieures n'étaient point requises.

Ce n'était pas assez que les publications fussent faites dans les formes prescrites ; il était nécessaire, dans l'intérêt des époux et de leur union, qu'il en fût fait mention ; et cette mention fut prescrite dans les actes de célébration que dressaient alors les curés, qui étaient les officiers d'état civil du temps (1).

Ils devaient également y consigner les dispenses qui avaient pu être accordées ; mais en l'an 1697 l'acte religieux fut jugé insuffisant, et un édit prescrivit l'insinuation des bans de mariage et des dispenses, et créa dans ce but, dans toutes les villes, bourgs et paroisses du royaume en titre d'offices héréditaires, des contrôleurs chargés d'enregistrer et de contrôler les publications de bans ; le mariage ne pouvait avoir lieu qu'après cet enregistrement et ce contrôle. Toute personne était de plus autorisée à prendre connaissance des registres en payant dix sous, et à s'en faire délivrer des extraits moyennant une rétribution de cinq sous par extrait. Mais cet élément nouveau de publicité du mariage introduit dans la législation n'eut pas une longue durée ; car, moins de cinq ans après leur création, les contrôleurs furent supprimés par un nouvel édit de mars 1702. Cependant le tarif des droits établis par l'édit de 1697, droits variables suivant la fortune des individus, survécut à la suppression des contrôles, et ce droit de contrôle fut même considérablement augmenté, puisqu'il devait être payé par chacune des parties et pour chaque publication. L'exagération de ces perceptions donna lieu à des plaintes qui provoquèrent, le 21 juillet de

---

episcopus Canaviensis, lib. de locis theologiæ, cap. 5. — Palæotus de nothis et spuriis, cap. 5. — Fevret, *Traité de l'abus*, liv. 5, chap. 2, no 19.

(1) Déclaration du roi, 16 février 1692. *Journal du Palais*, t. 2, p. 302.

la même année, un arrêté du conseil d'état déclarant qu'il ne serait dû à l'avenir qu'un seul droit de contrôle pour les trois publications.

CHAPITRE II.

Des formalités qui devaient accompagner le mariage.

Nous avons vu à quel point de vue il fallait se placer pour envisager le mariage en droit romain.

Le christianisme éleva le mariage à la dignité de sacrement ; mais il n'en fit pas pour cela un contrat solennel. La bénédiction nuptiale, comme nous allons le voir, accompagnait le plus souvent l'union des époux ; mais elle ne faisait point partie de son essence, et le seul consentement des contractants suffisait pour produire le lien matrimonial au point de vue civil, et pour conférer le sacrement au point de vue religieux, à la condition d'y apporter les dispositions convenables. Si nous cherchons la durée de cet état de chose, nous voyons le mariage garder le même caractère pendant les premiers siècles de notre ère et une partie du moyen âge. Mais vient le concile de Trente, qui exige que le mariage soit contracté en face d'église. Une immense révolution s'opère alors dans les caractères de ce contrat. Il entre, à partir de ce moment, dans la classe des contrats solennels ; et, depuis cette époque jusqu'à notre droit moderne, il n'a plus cessé d'en faire partie ; car, pour qu'il soit valablement contracté, il faut dès lors observer certaines formalités tracées, soit par le concile de Trente, soit par les ordonnances de nos rois. L'historique de ces diverses formes nous fait parcourir, quant à la célébration du mariage, plusieurs phases successives avant l'état de choses qui nous régit.

La bénédiction nuptiale remonte aux premiers siècles de l'Eglise. Il était d'usage que les chrétiens qui voulaient se marier fissent bénir leur union par les prêtres de leur religion. On trouve des témoignages de ce pieux usage, dans les auteurs les plus anciens. C'est à l'église que, suivant le témoignage de saint Isidore de Séville (1), se pratique cette bénédiction, à l'imitation de celle que Dieu lui-même donna dans le paradis terrestre à nos premiers parents. Nous en

____
(1) De off. eccl , lib. 2, cap. 10.

voyons dans Tertullien la mention formelle : « unde suffi-
» ciemus ad enarrandum felicitatem ejus matrimonii quod
» ecclesia conciliat; confirmat oblatio, obsignat benedic-
» tio (1). »

Au quatrième siècle, saint Ambroise y fait allusion dans
une lettre adressée à Virgile : « quum ipsum conjugium ve-
» lamine sacerdotali et benedictione sanctificari oporteat,
» quomodo potest conjugium dici, ubi non est fidei concor-
» dia » (2).

Nous pourrions multiplier ces citations, mais ces textes ti-
rés de Tertullien et de saint Ambroise nous semblent suffisants pour attester la pratique de l'Église dès ses premiers
siècles, en ce qui concerne la bénédiction nuptiale (3).

Toutefois, il ne faudrait pas voir dans ce pieux usage, quelle-
que fût dès cette époque sa généralité, une formalité exigée
pour la validité du mariage. Toute la notion du mariage con-
sistait alors, nous ne saurions trop insister sur ce point, dans
le consentement des contractants ; et comme leur seule volonté rendait le mariage existant, cette volonté mutuelle
leur conférait aussi le sacrement : d'où l'on peut dire que le
mariage était valablement formé par le seul consentement,
sans qu'il fût besoin, comme l'exige aujourd'hui la doctrine
catholique, de la célébration religieuse pour la perfection du
sacrement et la validité du lien conjugal.

Déjà nous sommes arrivés à l'an 428 de notre ère : le ca-
tholicisme est répandu sur toute la surface de l'empire, et fait
ressentir sa salutaire influence, que l'ancien principe du droit
des prudents apparaît encore dans une constitution de Théo-
dose le jeune, ainsi conçue : « Si pompa, aliaque nuptiarum
» solemnitas omittatur, nullus existimet ob id deesse recte
» alias inito matrimonio firmitatem, vel ex eo natis liberis
» jura posse legitimorum auferri, inter pares honestate per-
» sonas nulla lege impediente consortium quod ipsorum con-
» sensu, atque amicorum fide firmatur (4). »

Ce prince n'a-t-il voulu faire allusion qu'aux pompes civiles, aux solennités séculières qui, sans avoir jamais été un
élément constitutif du mariage, l'accompagnaient assez sou-

(1) Lib. 2, aduxorem, cap. 8. — (2) Nº 7, epistola.
(3) Lettre du pape Cyrile à Imirer cap. 0. — Concile de Cartage, canon
15. — Lettre d'Innocent Ier à Vitrice, évêque de Rouen, art 0.
(4) Const. 22 au cede, de nuptiis, adde l. 27, § 7, hujus tituli., nov. 74
cap. 4. Rép. de Nicolas Ier, ad consulta Bulgarorum, art. 3.

vent, et n'ont pas cessé d'être en usage, même au milieu de la décadence des anciennes mœurs ? Quand il parle du consentement, sous-entend il que ce consentement s'est exprimé suivant le vœu de l'Eglise chrétienne ? Un auteur éminent a cru devoir exprimer des doutes à cet égard (1); quand à nous, il nous paraît certain que jusqu'au concile de Trente, l'Eglise catholique ne fît pas un précepte de la célébration religieuse pour la validité du sacrement de mariage; ce qui nous paraît confirmer cette opinion, c'est qu'il faut aller jusqu'à Justinien, pour trouver dans les lois civiles la mention des solennités chrétiennes. On ne peut méconnaître que les textes qui les rappellent sont formels; mais ils ont une vertu plutôt énonciative qu'impérative. Ils supposent, ce que nous ne nions point, l'usage et l'emploi de la bénédiction plutôt qu'ils ne la prescrivent. La suite de l'histoire nous apprend d'ailleurs que plus tard l'on s'en affranchissait assez souvent : et comment s'en étonner, lorsque les dernières traces du paganisme n'avaient pas encore disparu, et que les hérésies avaient déjà porté des atteintes graves à l'unité de la doctrine ?

Si l'empereur Léon rappelle cet oubli des lois constitutives du mariage et le condamne par une loi célèbre, identifiant ainsi l'union conjugale civile avec le sacrément de l'Eglise, il faut remarquer que cette loi ne fut pas faite pour notre Occident. Mais voici le spectacle qu'il nous offre sous ce rapport pendant plusieurs siècles. Les rois Carlovingiens voulant réprimer la clandestinité des mariages, et détruire les abus auxquels elle donnait naissance, prescriviront à plusieurs reprises : que les mariages devraient être célébrés publiquement en face d'Eglise, et que la bénédiction nuptiale serait donnée aux époux à peine de nullité du mariage : « nec sine benedictione sacerdotis, qui ante innupti essent, » nubere audeant : aliter legitimum, ut a patribus acce;i» mus non fît conjugium, nisi (uxor) suo tempore, sacerdota» liter, ut mos est, cum precibus et oblationibus a sacerdoto » benedicatur. (2) »

Cette prescription n'était point dépourvue de sanction : les chrétiens qui y contrevenaient, et se mariaient sans recevoir

---

(1) M. Troplong, *Influence du Christianisme sur le droit civil des Romains*, p. 231.

(2) Collection de Benedictus Levita, liv. 6, capitulaire 130, liv. 7, cap. 103, adde : liv. 6, cap. 108, liv. 7, cap. 479. — Recueil d'Isaac, évêque de Langres, tit. 6, art. 6.

la bénédiction nuptiale, étaient punis d'une amende de cent sous, ou, à défaut d'argent, d'une peine de cent coups de fouet (1).

L'Eglise, qui de tout temps avait cherché à introduire dans la pratique de la vie ses cérémonies saintes, ne put que venir en aide au pouvoir civil sur ce point comme sur tant d'autres; elle se préoccupe avec raison des conséquences déplorables des mariages clandestins, et c'est surtout dans la pensée de les faire disparaître, que le concile de Trosli, tenu l'an 909, sous Charles le Simple, confirma les dispositions édictées par les rois francs de la seconde race contre ces sortes de mariage, et les assujettit dans ce but à la célébration en face d'Eglise : « decernimus et nos, secundum constitutio-
» nem antiquam, ut nullus occultas nuptias, sed dotatem et a
» parentibus traditam per benedictionem sacerdotum acci-
» piat, qui vult uxorem (2). »

Toutefois, ces dispositions si sages qu'elles fussent, n'avaient d'autre caractère que d'être des tentatives isolées, et dès-lors nécessairement précaires, pour spiritualiser, si l'on peut dire ainsi, le mariage dans sa source. Il faut les apprécier surtout à une époque où le matérialisme était encore si puissant, et il ne faut pas s'étonner si elles ne purent prévaloir entièrement contre la forme primitive : aussi, avant la fin de la dynastie carlovingienne, nous retrouvons le mariage avec son caractère antérieur; c'est-à dire valablement contracté par le seul consentement des parties. C'est ce qui résulte formellement des décrétales des papes Alexandre III et Innocent III (3). Il est vrai que ce dernier pape, dans le concile de Latran, exigea la publication des bans; mais en même temps les unions clandestines et non célébrées en face d'Eglise étaient considérées par lui comme parfaitement valables, et ne donnaient lieu qu'à une pénitence à qui les avait contractées dans ces conditions : « His qui taliter præsumpserint etiam
» in gradu concesso copulare condigna pœnitentia injunga-
» tur (4). » Tel était l'état des choses lorsque s'ouvrit le concile de Trente. La question du mariage ne pouvait échapper à ses préoccupations; car un des abus le plus vivement sentis à

(1) 4e supplément des capitul. de Charlemagne, art. 2.
(2) Canon 7.
(3) Décrétale d'Alexandre III, cap. 9, de sponsalibus et matrimoniis, cap. 8, cap. 2. — Décrétale d'Innocent III, cap. 6.
(4) Cap. fin de Claudest. despons.

cette époque c'était la clandestinité d'un trop grand nombre d'unions qui n'étaient de la sorte consacrées par aucune loi civile ni religieuse : le mariage ressortissait donc à ce point de vue, et avant même que la célébration religieuse fût imposée, de la discipline de l'Eglise. Il s'agissait d'éclaircir la question de savoir si les mariages clandestins étaient valables ou non, et c'est ce qui nous explique comment s'engagèrent les discussions très-vives qui eurent lieu sur ce point. Les uns, d'accord en cela avec l'opinion généralement admise, soutenaient que les mariages clandestins étaient néanmoins valables, et que l'Eglise ne pouvait les déclarer nuls ; les autres, partant de ce principe que le mariage est un sacrement avant d'être un acte de la vie civile, soutenaient au contraire qu'à l'Eglise appartenait un pouvoir absolu sur tout ce qui concernait le mariage, et qu'en conséquence elle avait le droit de changer à son gré le mode même dont le sacrement pouvait être conféré.

On cite entre autres une célèbre controverse qui s'engagea sur ce sujet, le 9 février 1563, entre Maillard, doyen de la Sorbonne, et le jésuite Salmeron. Selon le premier, l'Eglise ne pouvait apporter aucune innovation au sacrement de mariage, et faire qu'un sacrement légitime à une époque fût plus tard invalidé, tout en conservant la même forme ; selon le second, au contraire, l'Eglise pouvait modifier tout ce qui n'était pas de l'essence du sacrement, et les qualités de *public* et de *secret* étant accidentelles au mariage ; elle pouvait faire, pour réglementer la publicité, telle disposition que bon lui semblerait, et en faire même une condition nécessaire à la validité du sacrement (1).

Enfin, le 11 novembre 1563, malgré l'opposition de cinquante-six prélats, le concile décida que les mariages clandestins étaient nuls, et que le sacrement n'était conféré qu'autant qu'il y avait eu célébration publique en face d'église et en présence de deux témoins : et en effet, la publicité conduisait nécessairement à la célébration religieuse, dans l'opinion constante de l'Eglise que l'essence du mariage consiste dans le sacrement. Si le sacrement doit être revêtu d'une forme extérieure, quel autre ministre plus naturel que le prêtre, et quel lieu plus convenable que l'église : « Qui aliter quam » præsente parocho, vel alio sacerdote de ipsius parochi seu

(1) Fra Paolo : *Histoire du Concile de Trente*, liv. 7.

» ordinarii licentia et duobus vel tribus testibus matrimo-
» nium contrahere attentabunt, eos sancta synodus ad sic con-
» trahendum matrimonium omnino inhabiles reddit, et hu-
» jus modi contractus irritos et nullos decernit (1). »

Nous pouvons dire, pour résumer la part d'influence qu'eut l'Eglise sur le mariage dans les âges précédents, que si elle reconnut la validité des mariages quoique clandestins, c'est-à-dire dénués de toute forme, et déclara même anathème quiconque soutenait la doctrine contraire, avant qu'elle ne l'eût formulée ; néanmoins elle les vit toujours d'un mauvais œil, et finit par les invalider, ainsi qu'on le voit dans cette disposition du concile de Trente qui prescrit trois publications à intervalle, la célébration par le propre curé et la présence de deux ou trois témoins.

Toutefois ce serait une erreur de croire que la réforme ecclésiastique, dont le but était d'empêcher la clandestinité du mariage, eut un résultat immédiat en ce qui touche la célébration. Comme le concile de Trente ne fut pas reçu en France, l'usage des mariages clandestins ne fut pas encore universellement proscrit, et l'obligation pour les parties de s'unir publiquement en face d'église ne devint pas *ipso facto* une loi générale. Mais on vit alors, ce qui eut lieu plus d'une fois dans l'ancienne législation, l'autorité temporelle s'inspirer à la même source que la puissance ecclésiastique : de même que nos rois avaient puisé dans les premiers siècles leurs ordonnances sur les mariages dans les usages introduits et encouragés par l'Eglise, nous les voyons encore, aussitôt après le concile de Trente, réglementer avec une nouvelle vigueur la célébration du mariage et édicter des dispositions analogues à celles de ce concile.

C'est ainsi qu'au mois de février 1586 Henri II avait cru frapper plus sûrement la clandestinité en prescrivant le consentement des parents au mariage de leurs enfants. A défaut de cette autorisation, ceux-là avaient le droit de les exhéréder et de révoquer toute donation qu'ils leur auraient faite antérieurement. Ce n'était pas la seule sanction ; « selon les cas, y était-il dit encore, nos juges, auxquels la connaissance en appartiendra, dont nous chargeons leurs honneur et conscience, prononceront telles peines qu'ils seront avisés. »

Déjà apparaît une sanction rigoureuse à l'inobservation des

(1) Sessio 24.

formes tant de fois prescrites ; mais pour remédier efficacement aux abus résultant de la clandestinité, il fallait frapper de nullité les mariages qui en étaient entachés. C'est ce que fit Henri III dans l'article 40 de l'ordonnance de Blois.

Cette mémorable ordonnance rendue dans le courant de mai 1579, ne fut publiée et enregistrée que le 28 janvier 1580 : après l'obligation imposée à tous futurs époux de faire publier préalablement leurs bans, on y lit ces paroles : « Après lesquels bans seront épousés publiquement ; et pour témoignages de la forme qui aura été observée auxdits mariages, y assisteront quatre personnes dignes de foi dont sera fait registre, le tout sur les peines portées par les conciles. » Remarquons ici un accroissement de rigueur sur les prescriptions mêmes du concile, qui n'exigeait que deux ou trois témoins.

Et pour que la confusion ne fût pas possible sur la portée de l'innovation introduite par cette ordonnance, l'article 44 prenait le soin d'avertir que les notaires ne pourraient à l'avenir intervenir dans la formation du contrat constituant le mariage, comme cela s'était pratiqué antérieurement : « Pareillement défendons à tous notaires, sur peine de punition corporelle, de recevoir aucunes promesses de mariage par paroles de présent. »

L'ordonnance de Blois, en exigeant, comme nous venons de le voir, les proclamations précédentes, la célébration publique et la présence de quatre témoins, avait porté une atteinte profonde à la liberté excessive en fait de mariage, dont l'autorité civile aussi bien que la puissance spirituelle reconnaissaient les immenses dangers : on s'explique donc facilement la résistance qu'elle dut rencontrer ; il fallut revenir à la charge afin d'inoculer ces pratiques nouvelles dans les usages et dans les mœurs ; le clergé, si intéressé à l'observation d'une loi qui sanctionnait les prescriptions mêmes du concile, se plaignit des violations qui avaient lieu sans cesse, et ses remontrances donnèrent lieu à un édit rendu au mois de décembre 1606 par Henri IV, lequel attribue la connaissance des causes de mariage aux juges d'Église, à la charge par eux d'observer les ordonnances, même celle de Blois, dont une nouvelle publication est ordonnée. « Nous voulons, est-il dit dans l'art. 12, que les causes concernant les mariages soient et appartiennent à la connaissance des juges d'Église, à la charge qu'ils seront tenus garder les ordonnances, même celle de Blois. En l'art. 40, et suivant icelles, déclarer les mariages qui n'auront été faits et célébrés en l'église, et avec la forme et solennité requises par ledit article, nuls et non valablement contractés, comme étant cette peine indicte par les conciles (1); et afin que les évêques, chacun en leur diocèse, et les curés en leur paroisse, en soient avertis, et qu'ils ne faillent ci-après contre ladite ordonnance, elle sera renouvelée et publiée derechef à ce que lesdits évêques et leurs officieux aient dorénavant à juger conformément à icelle. »

On peut juger de l'importance qu'attachèrent nos rois à la stricte observance de ces règles par l'insistance avec laquelle ils y reviennent; ainsi Louis XIII, dans la déclaration de Saint Germain-en-Laye, datée du 16 novembre 1639, ordonne de nouveau l'application de l'ordonnance de Blois, et « interprétant icelui » ajoute : « qu'à la célébration du mariage assisteront quatre témoins dignes de foy, outre le curé qui recevra le consentement des parties, et les conjoindra en mariage, suivant la forme pratiquée en l'Eglise. » Cet article ordonnait aussi la tenue de registres constatant la célébration du mariage.

Il semble qu'à mesure que l'on avance, la loi civile ait de plus en plus à cœur d'identifier ses prescriptions avec celles de la loi religieuse qui du premier regard a envisagé tous les intérêts en présence, et a pris dans la plénitude de sa lumineuse intuition les mesures les plus efficaces pour les sauvegarder tous.

Un dernier monument vient mettre en lumière plus encore, s'il est possible, cette préoccupation respectable; c'est l'édit de 1697, qui, confirmant les ordonnances relatives à la célébration du mariage, et entre autres à la présence du propre curé, s'exprime ainsi : « Voulons que les ordonnances des rois nos prédécesseurs concernant la célébration des mariages, et notamment celles qui regardent la nécessité de la présence du propre curé de ceux qui contractent, soient exactement observées.

Ainsi, pour nous résumer en ce qui touche la célébration du mariage avant 1789, nous dirons que jusqu'à l'ordonnance de Blois, si l'on en excepte le temps pendant lequel les

_____

(1) Il est fait dans cet article allusion aux Conciles de Tours, tit. 0, de matrimonio; de Rheims, tit. de matrimonio, art. 2; de Bordeaux, tit. de matrimonio, qui furent tenus tous les trois en 1583.

capitulaires des rois Carlovingiens furent en vigueur, le mariage ne fut assujetti à aucune formalité, la bénédiction nuptiale était un pieux usage pratiqué presque habituellement, mais dénué cependant de tout caractère obligatoire ; et le seul consentement qu'exprimaient les parties de s'unir par le mariage constituait le sacrement.

Au contraire, depuis l'ordonnance de Blois, la célébration en face d'église et devant le propre curé a été requise à peine de nullité, et le mariage, de consensuel qu'il était, a été rangé dans la classe peu nombreuse des contrats solennels.

L'obligation stricte de la célébration religieuse eut pour résultat de provoquer une définition nouvelle et plus rigoureuse de la clandestinité. Tout mariage était, dans cette période nouvelle du droit, déclaré clandestin, par ce seul fait qu'il n'avait pas été célébré en face d'église avec les formalités prescrites par les ordonnances, eût-il d'ailleurs reçu toute la publicité possible : était rangé dans la même catégorie, le mariage qui avait été tenu secret pendant toute la vie des parties, et qui n'était rendu public qu'après la mort de l'une d'elles ; le secret gardé pendant une partie seulement de la vie ne donnait pas lieu au reproche de clandestinité.

CHAPITRE III.

De la compétence du ministre de la célébration.

La révolution opérée dans la forme juridique du mariage ne pouvait manquer d'amener une transformation analogue dans la compétence du fonctionnaire légal préposé à sa célébration. Dès que la loi civile adoptait cette idée de la loi religieuse : que le plus sûr moyen d'éviter la clandestinité, c'était d'exiger la célébration en face d'église, le ministre naturel du mariage devint le prêtre catholique. Alors apparaît l'innovation suivante : au lieu que les parties contractantes pussent valablement s'unir par devant notaire *par parole de présent*, « per verba de præsenti, » comme l'autorisait la période précédente du droit, c'est désormais le curé qui est seul compétent pour célébrer l'union des époux, et entendre leur déclaration qu'ils se prennent pour mari et femme.

Cette règle devint si rigoureuse, qu'au refus même du curé, le notaire ne pouvait en aucune façon le remplacer, ainsi que le décidèrent plusieurs arrêts de parlement, dont un entre autres rendu le 10 juin 1692, sur les conclusions de M. de Lamoignon, mérite d'être cité. Un ouvrier nommé Pierre Augier, et la fille d'un voiturier qui avait nom Anne Jublin, n'ayant pu décider le curé de Vitry-le-Français à célébrer leur mariage, par ce motif que le futur époux, mineur de 25 ans, n'avait pas obtenu le consentement de son père, s'étaient adressés à deux notaires de la même ville, qui, sur l'ordre du lieutenant particulier, avaient reçu acte de ce mariage, jugé d'abord valide par cette seule comparution. L'arrêt déclara nul le mariage dont il s'agit, condamna en outre les parties à quatre livres d'amende, et ajourna le lieutenant, le substitut du procureur général, ainsi que les notaires, à comparaître en personne devant le parlement pour être ouïs et interrogés (1).

Mais il fallait en outre prévenir le refus intempestif qu'aurait pu faire le prêtre de marier ceux qui le lui demandaient ; c'est pourquoi son refus, s'il n'était appuyé sur un motif sérieux, donnait lieu à un pourvoi, afin de lui enjoindre la célébration, soit devant le juge ecclésiastique, c'est-à-dire l'official, soit par la voie de l'appel comme d'abus porté au parlement, qui connaissait aussi par voie d'appel de la sentence de l'official ayant autorisé ce refus du curé. Comme conséquence de la compétence nouvelle qui incombe exclusivement aux prêtres, naît pour eux l'obligation de tenir des registres commémoratifs de chaque mariage qu'ils célébraient ; et l'on peut juger par le soin avec lequel l'ancienne législation réglementait ces registres, quelle importance on attachait alors, aussi bien qu'aujourd'hui, à tout ce qui concerne l'état civil des citoyens.

D'un autre côté, nous avons vu l'article 44 de l'ordonnance de Blois défendre aux notaires, sous peine de punition corporelle, de recevoir des promesses de mariage. Un grand nombre d'arrêts, parmi lesquels on cite des arrêts de réglement, renouvelèrent cette défense, et punirent de peines fort graves les notaires qui y avaient contrevenu (2).

Toutefois, l'ordonnance de Blois, en substituant la célébra-

<hr>

(1) D'Héricourt, p. 3, chap. 5, art. 1, n° 27. *Journal des Audiences*, t. 4, p. 410.

(2) Arrêt de réglement du 5 septembre 1650. Autres arrêts de 1676, du 20 déc. 1688, du 10 juin 1692, *Journal des Audiences*, t. 4 p. 140 et 417.

tion en face d'église à la célébration par devant notaires, n'établit point encore la compétence nouvelle et exclusive du prêtre, qui va bientôt être obligatoire à peine de nullité; le mariage, aux termes de cet édit, sera valablement contracté pourvu qu'il le soit à l'église et en présence de quatre témoins dignes de foi. Il n'est pas encore fait mention du curé; mais on comprit bientôt que la garantie principale de l'observation de cette publicité, par laquelle seule le mariage devient un fait saisissable pour la société, résidait dans l'intervention du ministre catholique; dès lors Louis XIII, dans une ordonnance du 26 novembre 1639, pose ce principe nouveau, que le curé devait assister au mariage, pour recevoir le consentement des époux et les conjoindre par le sacrement : dès lors se trouve explicitement formulé dans la loi civile aussi bien que dans la loi religieuse, ce principe que le sacrement ne réside plus seulement dans le consentement, mais résulte du consentement solennel ou accompagné des formes et des cérémonies prescrites. Il ne faut pas croire néanmoins que l'intervention de tout prêtre soit suffisante; la déclaration de 1639 fait de la présence du propre curé des contractants, une condition essentielle du mariage. Cette pensée est mise en lumière d'une manière plus saisissante encore dans les édits postérieurs, et notamment celui de 1697, qui, renouvelant cette prescription, déclara que les ordonnances concernant la nécessité de la présence du propre curé de ceux qui s'unissent en mariage, devaient être exactement observées.

Le curé propre à cette célébration était celui de la résidence ordinaire des parties, ou de l'une d'elles lorsqu'elles n'habitaient pas dans la même paroisse. Le temps exigé pour déterminer cette résidence, était un laps de six mois, si antérieurement les contractants avaient demeuré dans le même diocèse; il était au contraire d'une année, s'ils avaient demeuré précédemment dans un autre diocèse. « Défendons, est-il dit dans l'édit de 1697, à tous curés et prêtres tant séculiers que réguliers, de conjoindre en mariage autres personnes que ceux qui sont leurs vrais et ordinaires paroissiens, demeurant actuellement et publiquement dans leur paroisse, au moins depuis six mois, à l'égard de ceux qui demeuraient auparavant dans une autre paroisse de la même ville, ou dans le même diocèse, et depuis un an pour ceux qui demeuraient dans un autre. »

En cas de minorité des futurs époux, le curé compétent

était celui de la paroisse des pères et mères, tuteurs ou curateurs, lors même qu'en fait elles auraient un autre domicile :
« déclarons que le domicile des fils et filles mineurs de 25 ans,
pour la célébration de leur mariage, est celui de leurs pères
et mères ; et en cas qu'ils aient un autre domicile de fait, or-
donnons que les bans seront publiés dans les paroisses où ils
demeurent, et dans celles de leurs pères et mères, tuteurs ou
curateurs. »

Il va sans dire que le curé pouvait déléguer tout autre prêtre qu'il jugeait convenable pour le remplacer ; l'évêque,
en sa qualité de premier pasteur, était compétent dans toute
l'étendue de son diocèse, et désignait valablement tel prêtre
qu'il voulait. Quelle était la sanction de cette prohibition
faite à tout prêtre de marier d'autres que ses paroissiens ? Ici
encore, l'autorité religieuse trace au pouvoir civil la mesure
de sévérité qu'il doit atteindre. Le concile de Trente avait déclaré nuls les mariages reçus par d'autres prêtres que le
propre curé ou son délégué. « Qui aliter quam præsente pa-
» rocho, vel alio sacerdote de ipsius parochi seu ordinarii,
» licentia matrimonium contrahere attentabunt.... sancta sy-
» nodus.... hujus modi contractus illicitos et nullos esse de-
» cernit. »

Les ordonnances, notamment l'édit de mars 1697, firent
également de la présence du propre curé, une des conditions
essentielles du mariage ; la conséquence, ce fut que les mariages célébrés par des prêtres incompétents étaient frappés
de nullité. Mais le doute, s'il existait, se trouverait levé par
les termes formels de l'édit du 15 juin de la même année 1697, qui ordonne que les parties qui auront contracté
de tels mariages soient poursuivies par le procureur du roi
pour les réhabiliter.

On sait que cette réhabilitation dans l'ancien droit, c'était
la restitution par l'autorité judiciaire de leur valeur ou capacité juridique à certains actes ou à certaines personnes qui en
étaient privés par suite de certaines omissions, ou inobser-
vances de formes : en l'absence de ces formes, intervenait
une nullité temporaire ou résolutoire, qui avait besoin pour
disparaître de la réhabilitation ou réitération de l'acte vicieux. Appliquant cette interprétation au cas qui nous occupe,
nous ferons ce simple raisonnement : Si les mariages entachés d'une irrégularité comme celle de l'incompétence n'é-
taient pas nuls, quelle nécessité y aurait-il eue de les réhabi-

ter ? L'idée de réhabilitation entraînait donc nécessairement celle de la nullité !

La nullité qui résultait de l'incompétence du prêtre était absolue, en ce sens qu'elle ne pouvait être couverte par aucun laps de temps, ni par aucune ratification ; le seul mode de la purger était la réhabilitation dont nous venons de parler, c'est-à-dire, dans l'espèce, une célébration nouvelle.

Certains mariages attaqués pour incompétence du prêtre qui les avait célébrés, ont été maintenus, comme le montrent plusieurs arrêts ; mais il est à remarquer que, dans les espèces qu'ils prévoient, l'incompétence du prêtre n'était pas notoire, et que d'après les circonstances, le demandeur en nullité n'était pas jugé digne de foi : la présomption, c'était donc que les règles avaient été observées ; dès-lors, il n'y avait plus lieu à nullité, au moins pour ce chef ; et aux arrêts en ce sens que nous venons de rappeler, on peut opposer le nombre considérable de ceux qui ont annulé des mariages pour incompétence des curés qui en avaient été les ministres (1).

La nullité du mariage célébré par un prêtre incompétent, n'était pas la seule garantie donnée à l'observation de cette formalité ; cette célébration irrégulière constituait en faute le prêtre qui en était l'auteur, et il encourait une pénalité sévère aux termes de l'édit de mars 1697 : « Voulons, y est-il dit, que si aucuns desdits curés ou prêtres, tant séculiers que réguliers, célèbrent ci-après sciemment et avec connaissance de cause des mariages entre des personnes qui ne sont pas effectivement de leurs paroisses, sans en avoir la permission par écrit des curés, des contractants ou de l'archevêque ou évêque diocésain, il soit procédé contre eux extraordinairement et qu'outre les peines canoniques que les juges d'église pourront prononcer contre eux, lesdits curés et autres prêtres qui auront des bénéfices, soient privés, pour la première fois, de la jouissance de tous les revenus de leurs cures et bénéfices pendant trois ans, à la réserve de ce qui est absolument nécessaire pour leur subsistance, ce qui ne pourra excéder la somme de six cents livres dans les plus grandes villes, et celle de trois cents livres partout ailleurs ; et que le surplus desdits revenus, soit saisi à la diligence de nos procureurs, et distribué en œuvres pies par l'ordre de l'archevêque ou évêque

____

(1) Arrêts des 13 février 1755, 1er février 1755, 17 février 1724, 29 mar 1696 et 2 août 1729.

diocésain ; qu'en cas d'une seconde contravention, ils soient bannis pendant le temps de neuf ans, et qu'à l'égard des prêtres réguliers qui n'ont pas de bénéfice, ils soient envoyés dans un couvent de leur ordre, que leur supérieur leur assignera hors des provinces qui seront marquées par les arrêts de nos cours ou les décisions de nos juges, pour y demeurer enfermés pendant le temps qui sera marqué par lesdits jugements, sans y avoir aucune charge et fonction, ni voix active ni passive. »

Comme il pouvait se faire que les deux parties n'habitassent pas la même paroisse, il fallut interpréter les règles précédentes de façon à concilier les intérêts de chacun, et il fut décidé que le curé de chacune d'elles était compétent pour la célébration de leur mariage, à la condition toutefois qu'il eût obtenu le consentement de l'autre, consentement dont il était suffisamment justifié par la délivrance du certificat des publications qu'il avait faites.

A défaut de cette justification de l'acquiescement de l'autre curé, qu'advenait-il ? Deux hypothèses pouvaient alors se présenter et donnaient lieu à une solution diverse. Ou les publications, quoiqu'il n'en eût pas été justifié, avaient été faites, et encore, ce qui rentre dans cette hypothèse, l'évêque avait accordé dispense des trois bans. Dans ce cas, le défaut d'autorisation dont il s'agit ne créait qu'un empêchement prohibitif ; et le mariage, une fois accompli, ne pouvait être attaqué. Au contraire, les bans n'avaient-ils été publiés que dans la commune fixée pour la célébration du mariage, il y avait alors plus qu'une omission d'un consentement exigé ; il manquait un des éléments essentiels, la publicité : le mariage étant alors entaché de clandestinité, cette irrégularité constituait un empêchement dirimant, dont la conséquence était la nullité du mariage ainsi célébré (1).

Toutefois cette doctrine ne fut pas toujours admise sans contestation. La nullité, en pareil cas, parut à plusieurs jurisconsultes ne devoir s'appliquer à ces mariages que lorsque les parties, ou l'une d'elles, étaient mineures : si elles étaient majeures, leur mariage, même dénué du consentement et des publications prescrites, n'en était pas moins valable : on en donnait ce motif, que la jurisprudence des arrêts ne faisait

______

(1) Pothier, Contrat de mariage, n° 366. D'Aguesseau, 5e volume, mémoire qui suit le plaidoyer, 57.

point du défaut de publication des bans une cause de nullité du mariage entre majeurs.

Beaucoup d'auteurs, notamment d'Aguesseau (1), combattent cette opinion, se fondant sur la distinction à faire entre ces deux sortes d'irrégularités de gravité diverse, c'est-à-dire le défaut de publication de bans et le défaut de consentement du curé. Dans ce dernier cas, il n'y avait pas matière à annuler le mariage; dans l'autre, il devait l'être. A cet argument on peut ajouter ceux-ci, à savoir : que les familles des contractants avaient grand intérêt à être averties du mariage, à cause du grave préjudice qui pouvait résulter pour elles, et qu'elles évitaient par l'opposition si elles en avaient été instruites : enfin, aucune distinction entre les majeurs et les mineurs n'apparaît, soit dans le concile de Trente, soit dans les ordonnances royales.

Disons, en terminant cet exposé sommaire des anciennes formes du mariage, comment l'ancien droit avait envisagé le mariage des Français à l'étranger.

Le curé, directeur des âmes, avait sur le mariage de ses paroissiens une autorité à laquelle nos officiers de l'état civil ne peuvent pas prétendre sur le mariage de leurs administrés : c'est dire que la compétence du curé, en fait de célébration de mariage, s'étendait plus loin que celle du ministre actuel de notre loi civile. Pothier dit à ce propos que le mariage célébré hors de la présence du prêtre et sans son consentement, par des Français en pays étranger, est nul lorsqu'il appert que c'est en fraude de la loi qu'ils y sont allés : en vain allégueraient-ils que « la forme des contrats se règle par la loi du lieu où ils se passent, » car « la célébration du mariage en face d'église n'est pas, dit-il, une pure forme d'acte ; c'est une obligation que nos lois imposent aux parties qui veulent contracter mariage, à laquelle les parties qui y sont sujettes ne peuvent se soustraire en allant en fraude se marier dans un pays étranger. » Mais s'il n'appert pas qu'il y ait eu fraude, le mariage est valable, « n'ayant pu être célébré autrement (2). »

Malgré la révolution que nous allons voir introduite dans notre droit actuel, en ce qui concerne la forme du mariage, nous verrons que, tout en sécularisant la législation,

(1) Loco citato. (Voir aussi Pothier, loco citato.)
(2) Pothier, no 363.

le législateur n'a cependant pas jugé indigne de lui de transporter dans la loi civile la plupart des prescriptions religieuses relatives à cette matière. Ici, comme dans bien d'autres cas, malgré le besoin d'innover, il ne crut pouvoir mieux faire que de s'en tenir à la pratique en vigueur. C'est là assurément un mérite que l'on ne saurait refuser à cet ancien ordre de choses que nos pères avaient la naïveté de ne point trouver si mauvais!

TROISIÈME PARTIE.

INTRODUCTION.

Portalis disait dans son exposé des motifs sur le mariage : « Les familles sont la pépinière de l'État, et c'est le mariage qui forme les familles; » il suit de là que les règles et les solennités du mariage ont toujours occupé une place distinguée dans la législation de tous les peuples policés.

Nous avons vu sous l'influence de quelles pensées l'ancienne législation avait voulu imprimer au mariage ce double caractère civil et religieux qui en a toujours fait, aux yeux de tous les peuples, un acte à part parmi les plus importants de la vie humaine. La confusion qui régna jusqu'en 1789 entre l'ordre spirituel et l'ordre temporel, comportait, dans la célébration du mariage, ce double rôle assigné aux ministres du culte, qui mariaient autrefois au nom de la loi comme au nom de la religion.

Quand notre législation civile fut sécularisée, comme on l'a dit, et que la séparation du temporel et du spirituel fut consommée, les affinités incontestables du mariage avec la loi civile firent confier à des fonctionnaires civils la formation légale du contrat de mariage. Mais, il faut le reconnaître, il y a dans le mariage plus qu'un acte civil; cette vérité demeure inattaquable même sous une législation nouvelle, qui, partant de principes différents de ceux de l'ancien ordre de choses, pouvait faire abstraction de l'élément religieux inhérent à cette institution. Si la loi de 1792, à une époque où l'esprit de l'homme, dans sa vaine confiance, se plaisait à détruire tout ce qu'avait consacré la sagesse des siècles, crut devoir substituer aux saintes cérémonies qui avaient jusque là constitué le mariage, les formalités froides et positives d'un contrat ordinaire, déclarées suffisantes dans l'intérêt des époux et des familles, n'y avait-il pas en 1803 une réaction salutaire à opérer en cette matière ?

On peut supposer que quelques-uns des législateurs d'alors, rendus à un état plus calme, plus réfléchi, devoient sentir le besoin de rattacher à la religion le plus solennel des engagements : les paroles de Portalis au nom du gouvernement semblent respirer cette impression : « Tous les peuples, dit-il, ont fait intervenir le Ciel dans un contrat qui doit avoir une si grande influence sur le sort des époux, qui, liant l'avenir au présent, fait dépendre leur bonheur d'une suite d'événements incertains, et qui, agitant leurs craintes comme leurs espérances, semble appeler le secours de la religion établie entre le ciel et la terre pour combler l'espace immense qui les sépare. »

Toutefois ces paroles éloquentes furent stériles ; la loi resta muette ; elle n'appela point la religion à s'unir à elle pour imprimer dans le cœur des époux ces sentiments profonds de devoirs mutuels, de dévouement, de résignation même, qui peuvent les soutenir au milieu des fréquents orages d'une vie commune. Quand nous envisageons le mariage tel que l'a fait notre loi civile, répond-il à l'idée que l'on se fait avec raison de cet acte solennel dans la destinée de chacun ? Qu'est-ce que la cérémonie civile ? La lecture rapide de quelques articles du code, la simple déclaration de l'officier public qui au nom de la loi enchaîne les deux contractants l'un à l'autre. Aussi Napoléon, apportant à cette question son coup d'œil d'aigle, avait-il raison de s'écrier, en entendant le chapitre consacré aux formes du mariage : « C'est un peu sec ; » et se rappelant la large part qu'y avait toujours tenue par la loi passée l'élément religieux, entrevoyant également celle qu'il y tiendrait encore par le sentiment populaire, il était comme effrayé de la comparaison entre les deux cérémonies, et il ajoutait : « Voyez les prêtres ! » Cette phrase était l'expression d'une profonde conviction, ou plutôt le pressentiment de l'effet moral si différent qui devait s'attacher plus tard à l'une et à l'autre de ces deux célébrations.

Napoléon ne s'est pas trompé. Sans vouloir discuter ici la valeur juridique ou morale de la célébration civile du mariage telle que le code l'a organisée, qu'il nous soit permis de la rapprocher de la cérémonie religieuse : combien est plus importante aux yeux de presque tous, combien aussi est plus attendrissante, la célébration religieuse, lorsqu'au milieu des pompes du sacrifice, les deux époux, agenouillés au pied de l'autel, chacun un cierge blanc à la main, en signe des vertus qu'ils doivent inspirer à leur famille, tous les deux la tête couverte du même voile, symbole de la pudeur qui doit être la règle de leur conduite future, écoutent avec recueillement les saintes exhortations du ministre de Dieu ; lorsque la jeune mariée, la main dans la main de son époux, reçoit de lui l'anneau bénit, cet ancien gage d'obéissance et de fidélité d'un côté, de tendresse et de protection de l'autre ; lorsque le ministre prononce avec une sainte autorité les paroles sacrées dont la puissance unit à jamais la vierge au compagnon qu'elle s'est choisi ; lorsqu'enfin il termine son touchant ministère en leur souhaitant la paix, comme le plus grand bien du mariage qui va donner à la société une nouvelle famille !

Cette cérémonie, qui prélude à l'union conjugale, imprime dans les cœurs des contractants des émotions vives et profondes ; et les germes salutaires qu'elle y dépose peuvent ranimer un jour des affections éteintes, et le sentiment des devoirs contractés sous la haute sanction de la divinité.

Il est trop vrai d'ajouter que l'on n'en peut pas dire autant de la célébration civile !

Contrairement à ce que nous offre l'ancien droit, c'est donc dans l'ordre purement temporel de la loi humaine qu'il nous faut étudier ce qui est relatif à la forme du mariage ; mais cette forme se décompose en règles multiples, dont les unes précèdent, et les autres accompagnent la célébration même de l'union. C'est ainsi une série de prescriptions successives que doit comprendre l'exposé que nous entreprenons des précautions par lesquelles la loi française a voulu garantir la sécurité des mariages, tant en France qu'à l'étranger, et empêcher qu'ils fussent confondus avec ces unions passagères que le plaisir provoque, qui finissent avec le plaisir, et qui, après avoir compromis la moralité publique, entraînent à leur suite des désordres incalculables !

SECTION PREMIÈRE.

DES MARIAGES CÉLÉBRÉS EN FRANCE (1).

Dans tout ce qui concerne la forme du mariage, le législateur a eu pour but de le soustraire au caprice par des formes

(1) *Code Napoléon*, articles 165 à 171, 191 à 193 du titre du mariage ; articles 63 à 76 au titre des actes de l'état civil.

déterminées, et à l'obscurité par les moyens de publicité que l'expérience a démontrés les plus efficaces. On peut donc dire que le mariage n'existe, aux yeux de la loi, qu'autant qu'il a reçu une certaine notoriété et une certaine solennité, par les publications qui le précèdent, par la compétence du ministre qui le célèbre, enfin par les formalités de la célébration même.

C'est à ce triple point de vue que nous l'envisageons, et nous traiterons tour à tour de la publicité de fait et des publications préalables, de la compétence de l'officier civil, ou du domicile matrimonial; enfin, des solennités qui constituent la célébration de l'union, et lui impriment, avec la sanction de la loi, cette publicité légale qui en est la loi première.

A chacune de ces conditions qui constituent la forme du mariage, nous verrons la sanction que le code a imposée, par l'examen des nullités qu'entraîne leur inobservation.

CHAPITRE Ier.

Publicité. — Publications.

Au seuil de cette matière, et comme loi fondamentale de la forme du mariage, le législateur a placé la publicité. Le mariage non public, aux yeux de la loi, il est comme n'existant pas : cet acte si important pour ceux qui l'accomplissent, il ne prend existence, aux yeux de la société, que par sa manifestation dans les formes prescrites. C'est par ce moyen que la société a prise sur l'association nouvelle qui commence, et qu'elle y participe; nul ne serait fondé à lui contester cette participation qu'elle réclame. Le mariage n'est-il pas, en effet, un acte de l'état civil, un contrat de droit public? et à ce titre la société tout entière n'est-elle pas pour ainsi dire partie intéressée? Mais ce n'est pas seulement la société qui a le droit de réclamer la publicité du mariage : il importe aux contractants eux-mêmes que la liberté de leur consentement soit garantie. L'autorité peut seule leur donner efficacement cette garantie; et comment l'autorité le pourrait-elle, si elle ne le connaît pas?

Enfin, il importe à tous que la preuve authentique du mariage soit recueillie et conservée, pour en assurer l'indissolubilité et tous les autres effets.

Ces considérations inspirèrent les rédacteurs du code. « Un

mariage, disait avec raison le tribun Siméon, n'est pas seulement l'affaire des deux individus qui le contractent : il intéresse et leurs familles et la société ; il est susceptible d'oppositions et d'empêchements, il doit emporter une possession publique de l'état d'époux ; il faut donc qu'il soit connu, il faut qu'il le soit avant même d'être contracté, afin que s'il souffre des obstacles légitimes, ils aient leur effet (1). »

Ces paroles révèlent déjà le double aspect sous lequel la loi devait envisager la publicité du mariage, et comme les deux parties de cette condition unique, savoir : 1° la publicité de fait résultant de l'accomplissement des moyens matériels de notification ; 2° la publicité civile résultant de la célébration devant l'officier compétent, constitué par la société le premier témoin du mariage.

La publicité de fait, la seule dont nous ayons à parler dans cette première section, ne résulte donc que d'un avertissement donné au public et à toutes les personnes qui pourraient être intéressées au mariage, par des formalités destinées à en faire connaître à l'avance le projet.

Les publications ont ce but ; et pour qu'il fût plus sûrement atteint, on les a soumises à des formes, à des conditions, à des énonciations propres à ne laisser dans les esprits aucune incertitude sur les personnes qui ont le projet de s'unir.

Trois éléments concourent à cette publicité de fait et la constituent ; ce sont : 1° la formalité même des publications ; 2° l'intervalle qui doit les séparer l'une de l'autre, et qui sépare la dernière de la célébration du mariage ; 3° l'affiche de ces publications.

Considérée en elle-même, l'annonce publique du mariage, que nous nommons publication, n'est pas nouvelle : elle avait, nous l'avons vu, dans l'ancien droit le nom de *ban*, qui voulait dire proclamation. C'est en effet un avertissement donné à la société d'un fait qui l'intéresse, puisque les contractants, par leurs intérêts de familles, d'affaires, de fortune, etc., sont mêlés au reste des citoyens : si donc quelque parent a un motif d'opposition au mariage, il sera averti par les publications de le faire valoir ; se trouve-t-il des créanciers, ils sont avertis qu'ils doivent se hâter de prendre inscription sur les biens des futurs époux, s'ils veulent éviter d'être primés par l'hypothèque légale de la femme. La publication de mariage pour

(1) Esprit du code civ. sur l'art. 63.

les futurs époux, c'est donc en quelque sorte une barrière placée entre un passé qui va s'effacer et un avenir nouveau qui commence; c'est l'annonce d'un changement prochain dans la personnalité juridique. Toutefois, seule, la publication n'affecte pas encore cette personnalité, ni les rapports du futur époux avec les tiers : ainsi l'époux mineur et incapable par suite de sa minorité, le restera jusqu'à ce que le mariage soit venu l'habiliter, en l'émancipant (art. 476). Ainsi la liberté de contracter qu'a la femme si elle est majeure n'est point enchaînée par la publication de son union. Jusqu'à la célébration même, elle peut faire tous les actes compatibles avec le droit commun qui régit sa personne, sans qu'on puisse exciper pour les infirmer de la publicité déjà donnée à son prochain mariage : bien plus, les publications ne forment entre elles aucun lien : une première n'entraîne en rien la nécessité de la seconde; et si un projet de mariage est abandonné après qu'elle a eu lieu, les deux intéressés conservent, après comme avant cette publication demeurée sans résultat, la même personnalité juridique et légale que si elle n'avait jamais existé.

Parallèlement à la publication civile, nous voyons encore pratiqué dans les églises, comme cela avait lieu autrefois dans un intérêt civil et religieux en même temps, l'usage de la publication des bans qui n'a plus aujourd'hui de rapport qu'avec la célébration religieuse, et qui a pour but de faire également connaître aux membres de la communauté catholique le projet d'union, afin que s'il existe quelque empêchement prévu par l'Eglise, il puisse en être donné connaissance à l'autorité ecclésiastique, conformément aux canons établis par les conciles. Les articles 63, 166, 167 et 168 du Code napoléon, désignent les fonctionnaires chargés de faire les publications, ainsi que les communes et les lieux, et le jour où elles doivent être faites. Le fonctionnaire qui a mission pour cela, et le seul sans nul doute, c'est l'officier de l'état civil; mais il ne peut le faire que sur la réquisition qui lui en est adressée, à laquelle il est tenu de déférer lorsqu'elle est régulière.

Pour cela certaines conditions sont nécessaires :

1° Il faut que cette réquisition soit formée du consentement des deux futurs époux; tel était l'ancien droit (1), confirmé

<hr>

(1) Pothier, 76.

par la loi du 20 septembre 1792, qui leur imposait l'obligation de faire publier leurs promesses réciproques ; et, malgré le silence du code, il n'en est pas moins vrai de dire que l'officier civil manquerait à son devoir, si, préalablement à une publication requise, il ne s'assurait du consentement des deux futurs époux : c'est là en effet le commencement d'exécution d'un contrat qui ne peut se former que par le concours de deux volontés. Il n'est d'ailleurs permis à personne de disposer du nom d'un tiers sans son aveu, surtout d'une façon aussi grave quant aux conséquences qui peuvent en résulter. Ce serait enfin un affligeant scandale pour une famille, qu'à son insu, et dans l'ignorance même de l'une des personnes indiquées comme futur époux, une publication solennelle annonçât un mariage qui n'aurait peut-être jamais été projeté.

2° Avant de livrer ainsi à la publicité le projet de mariage qu'on lui annonce, l'officier civil doit prendre quelques précautions pour s'assurer de la réalité du projet.

Quoique le droit naturel n'ait pas reproduit la prescription ancienne selon laquelle le curé de chacune des parties contractantes devait se faire représenter le consentement des père, mère, tuteur ou curateur, au moins lorsque l'un des époux était enfant de famille, il ne faut pas conclure du silence de la loi, que l'officier public doive se livrer aveuglément à la discrétion de toute personne qui s'adresserait à lui pour publier un projet de mariage.

Mais jusqu'où peut-il pousser sur ce point sa prévoyance ? Selon les uns, le texte de la loi ne lui donne que le droit d'exiger, comme justification à l'appui de la requête de publication, la représentation de l'acte de naissance des futurs époux, parce que l'art. 63 veut que les publications énoncent leur qualité de majeur ou de mineur : et voilà pourquoi, ajoute-t-on, l'art. 168 prescrit des publications à la municipalité du domicile de ceux sous la puissance desquels se trouvent les futurs époux. Si on veut par là les informer du projet de mariage, c'est qu'ils peuvent l'ignorer ; s'ils peuvent l'ignorer, il n'a donc pas été nécessaire de produire pour les publications toutes les pièces et notamment le consentement nécessaire pour la célébration même (1).

Selon d'autres (2), l'officier civil semble autorisé à demander dès le moment même aux parties la justification de toutes

<hr>

(1) Zacharie, t. 3, p. 205. — (2) Hutteau d'Origny. tit. 7, chap. 3.

les conditions requises pour la validité de leur union, non-
seulement du consentement de leurs ascendants ou de leur
famille si elles sont mineures, mais même aussi des actes
respectueux auxquels elles pourraient être obligés de recourir. On fonde cette opinion sur une analogie, en citant deux lettres du ministre de la guerre des 5 thermidor an VIII et 30 pluviôse an XIII, portant « qu'il convient d'exiger des militaires,
avant la publication de leurs bans, un certificat du conseil
d'administration de leurs corps, constatant la déclaration
qu'ils lui ont faite de leur prochain mariage. » Une opinion intermédiaire, qui paraît raisonnable, consisterait à dire que
l'officier d'état civil a le droit d'exiger des futurs époux mineurs, quant au mariage, la preuve des consentements nécessaires, sans qu'il soit autorisé, s'ils sont majeurs, à exiger
autre chose que l'extrait de leur acte de naissance. Cette nécessité de justifier, pour les publications, du consentement sans
lequel le mineur ne peut passer outre au mariage, semble
être un corollaire naturel de cette obligation même du consentement. A l'objection tirée de l'article 168, on peut répondre que l'obligation imposée aux futurs époux en puissance d'autrui, de faire publier leur mariage là où demeurent
les ascendants, n'a pas tant pour but de faire connaître à
ceux-ci le mariage qu'ils doivent déjà connaître, que de provoquer les oppositions fondées sur une cause quelconque ;
et il est naturel que cette provocation soit faite au lieu où le
futur époux sera le plus connu.

On s'était demandé au conseil d'état s'il était nécessaire de
fixer un jour déterminé pour les publications ; on avait fait
observer qu'en laissant aux parties le choix du jour, on leur
épargnerait le temps qu'ajoute souvent au délai la nécessité
d'attendre le jour fixé ; on pouvait craindre que si le jour
n'était pas libre, on ne fît consacrer son mariage par les ministres de la religion, et l'on ne différât ensuite de le consacrer devant l'officier public. « La religion, disait le premier
consul, a aussi ses lois sur les publications ; si la loi civile
sur le même objet la contredit, l'exécution de la loi civile
sera différée. »

Mais l'opinion tendant à fixer pour les publications un jour,
c'est-à-dire le dimanche, comme celui où la publicité est la
plus facile, prévalut par ces considérations que le jour de la
publication n'était pas indifférente, et que sa détermination
était nécessaire, afin que les intéressés pussent aller entendre

les publications; que d'ailleurs, d'après la législation nou-
velle, l'antériorité et l'intervalle entre la célébration religieuse et la célébration civile n'était pas à redouter; car si,
suivant le principe religieux, le sacrement bénit le mariage,
le contrat religieux formé sans que le contrat civil s'ensuive
laisse le mariage sans effets civils, et que l'intérêt des contractants commanderait ainsi la célébration civile immédiate;

— Qu'on pouvait au surplus ordonner qu'aucun culte ne
pourrait appliquer au mariage les cérémonies de son rite
avant qu'on lui eût justifié que le contrat civil avait été
formé suivant la loi.

Cette dissertation, qui avait lieu le 14 fructidor an ix, fit
adopter la règle proposée. Elle prépara aussi les mesures qui
ont été prises postérieurement, dan 'e but d'empêcher la
consécration du mariage par les m tres de toute religion
avant que le contrat civil ait été légalement formé, et que
nous aurons plus tard à examiner.

Ce qui constitue essentiellement la publication, c'est
d'abord une proclamation publique, faite devant la maison
commune, du mariage projeté et des renseignements sur les
personnes des futurs conjoints et sur leurs familles, propres
à les signaler à l'attention publique, et à les faire reconnaître : c'est ensuite une affiche placée pendant huit jours à
la porte de la maison commune et où sont écrits les renseignements déjà publiés. (Art. 63 et 64.)

A moins d'une dispense formelle, que l'autorité judiciaire
n'accorde jamais que sur une cause grave, telle que la grossesse avancée de la future, des intérêts pressants de famille,
des départs obligés par des circonstances impérieuses, il doit
être fait deux publications à huit jours de distance : elles sont
constatées par un acte authentique, dont il est possible de
délivrer des expéditions qui en justifieront l'existence. Le
nombre et l'intervalle des publications est une amélioration
sur les lois intermédiaires, qui n'exigeaient qu'une seule publication faite indifféremment à tel ou tel jour de la semaine,
pourvu qu'il précédât de trois jours celui du mariage. Mais
dans quelle commune devraient être faites les publications?

Les art. 166, 167 et 168 du code répondent à cette question.
Les termes dans lesquels ils sont conçus ont soulevé des in-
terprétations diverses. Toutefois il me semble légitime de
soutenir que, contrairement à l'ancien droit qui admettait
comme domicile pour le mariage la résidence actuelle, quoi-

qu'elle ne remontât pas à six mois, et qui, dans ce dernier cas seulement, exigeait que la publication fût faite aussi au domicile antérieur, les publications doivent être faites d'abord dans les communes où chacun des futurs époux a son domicile réel, son domicile ordinaire, alors même qu'il aurait résidé ailleurs pendant six mois, parce que c'est là qu'ils seront presque toujours le mieux connus, et que ces publications seront par conséquent les plus utiles.

De plus, aux termes de l'art. 167, qui se réfère à l'art. 74, le mariage étant possible, ainsi que nous le verrons tout à l'heure, dans le lieu où l'on a résidé pendant six mois, dans ce cas les publications devront être faites, outre le lieu du dernier domicile, au lieu même de la résidence.

Si les six mois de résidence n'étaient pas atteints, une publication serait inutile dans la commune de l'habitation actuelle. Si l'un des futurs avait successivement résidé plus de six mois dans des communes différentes, mais sans y avoir acquis de domicile légal, on s'est demandé s'il y aurait lieu dans ce cas de faire les publications dans tous les lieux de ces résidences temporaires.

La réponse semble tracée par le silence des articles qui les prescrivent, et à domicile, et au lieu de la dernière résidence de six mois. Les résidences intermédiaires ayant cessé, restent sans effet et ne peuvent imposer d'obligations. D'ailleurs tout danger de surprise sera prévenu par la nécessité de faire publier le mariage au domicile légal, c'est-à-dire au domicile d'origine, si aucun autre n'a été régulièrement établi.

Mais une autre question se présente, c'est celle de savoir si l'obligation de faire publier son mariage, non-seulement au domicile actuel du mariage, acquis par la résidence de six mois, mais encore au dernier domicile, le domicile légal, subsiste même quand ce domicile matrimonial résulte de plus de six mois de résidence.

Les avis sont encore très-partagés sur ce point. Selon les uns, si la résidence existe depuis plus de six mois, la publication au dernier domicile n'est pas exigée ; selon les autres, on en est dispensé après une année seulement de résidence.

Sur quoi se fonde-t-on pour établir que plus de six mois, six mois et un jour par exemple, de résidence dans un même lieu, dispensent de toute publication ailleurs ? Sur les termes de l'article 167 : « Si le domicile n'est établi que par six mois de résidence, » et l'on raisonne par *d contrario*. Pour réfuter cette opinion, il suffit de se demander ce qu'a voulu le législateur en imposant la publication au dernier domicile qui précède la résidence de six mois. Il voulait, pour obtenir une garantie plus complète contre les empêchements légaux du mariage projeté, en appeler au lieu où les événements de la vie de l'individu, ses rapports de famille, les liens qu'il aurait pu contracter, seraient nécessairement plus connus que dans une résidence nouvelle, et surtout fort éloignée de toutes ses premières relations ; or, ce but serait-il atteint si, après six mois et un jour, il était dispensé de cette relation au lieu de son domicile ? Voilà pourquoi on propose, dans une seconde opinion, de ne dispenser le futur époux de cette publication que s'il a résidé ailleurs pendant au moins une année. On s'autorise pour le prétendre sur ce que dans l'ancien droit, après avoir résidé pendant un an dans un seul diocèse, on pouvait s'y marier, et l'on était même dispensé de faire publier les bans de mariage dans le précédent. Mais le code n'a pas admis cette distinction, il a formulé une règle générale qui n'autorise en rien la nuance que l'on voudrait établir. L'ancien droit est une lettre morte qui doit être ici sans valeur. Que reste-t-il donc, sinon la lettre et l'esprit de la loi actuelle ? La lettre de laquelle il résulte que si le domicile actuel a pour unique base une résidence de six mois, il faut rechercher, par une publication, les documents que pourrait procurer l'ancien domicile. L'esprit qui a dicté la règle dans le but d'éviter les erreurs, les surprises et les fraudes, but qui serait manqué dans beaucoup de cas, si le domicile de simple résidence était le seul consulté.

Concluons donc que pour qu'il ne soit plus besoin de faire à l'ancien domicile une publication en même temps qu'au lieu de la résidence, il ne suffit pas que cette résidence ait duré plus de six mois, ou même plus d'un an; il faut que le domicile des six mois de résidence soit devenu aussi le domicile légal : il faut par conséquent qu'on se soit conformé aux dispositions des articles 103, 104 et 105 du code Napoléon. Par l'accomplissement de ces formalités, les personnes qui, dans l'ancien domicile, seraient intéressées à surveiller l'existence de l'individu, et à s'opposer à son mariage dans sa nouvelle demeure, sont suffisamment averties.

S'il y a impossibilité de faire publier le mariage dans le domicile légal du futur, par exemple, en cas de guerre ou d'éloignement, il faut décider, avec une loi du 14 septembre 1793, qui n'a pas été abrogée, que, dans ce cas d'impossibilité, le défaut de ces publications ne pourrait faire obstacle au mariage, et qu'il suffirait qu'elles se fissent dans le lieu de la résidence actuelle des futurs conjoints.

L'article 168, qui prescrit les publications à la municipalité du domicile de ceux sous la puissance desquels pouvaient se trouver les contractants, a soulevé la question de savoir dans quel cas les parties contractantes sont sous la puissance d'autrui relativement au mariage. Est-ce seulement lorsque, mineures pour le mariage, c'est-à-dire n'ayant pas atteint leur vingt-cinquième année, elles ont besoin du consentement de leurs ascendants, ou bien aussi lorsque, majeures, elles ont des ascendants dont elles doivent demander le conseil ?

Pour soutenir que, même dans ce dernier cas, les publications doivent être faites au domicile des ascendants, on pourrait invoquer le texte et les motifs de l'art. 168. N'est-ce pas, en effet, être sous la puissance d'une personne, n'est-ce pas dépendre de cette personne, que d'être légalement obligé de lui demander conseil ? Les ascendants, d'ailleurs, à défaut d'actes respectueux, ont le droit de former opposition ; et il importe, pour l'efficacité de ce droit, que les publications les instruisent du projet de mariage. — On peut répondre à cette argumentation, que l'enfant qui peut se marier sans le consentement de son ascendant n'est pas, à proprement parler, sous sa puissance, c'est-à-dire sous son autorité quant au mariage. C'est ainsi, d'ailleurs, que l'entendait l'ancien droit ; et si le législateur eût voulu innover à cet égard, il l'eût dit expressément : on ne peut pas imposer une obligation dont il n'est pas parlé. D'ailleurs, le droit de former opposition à défaut d'actes respectueux, a pu paraître suffisamment garanti à l'ascendant par la nécessité imposée à l'enfant de représenter soit l'acte de décès, soit le consentement de cet ascendant.

On s'est demandé encore si l'article 168 ne devrait pas s'appliquer au cas où le futur époux mineur, et n'ayant plus d'ascendant, est tenu d'obtenir le consentement du conseil de famille. Proudhon enseigne la négative, soit parce que ce mineur n'est point sous la puissance de chacun des membres du conseil individuellement pris, soit parce que ce conseil n'a point de domicile. — Mais est-ce que l'enfant n'est pas alors sous la puissance de ce conseil relativement à son mariage ? Oui, sans doute. — Est-ce qu'il n'est pas très-utile que le conseil soit informé par des publications de ses projets de mariage ? Oui encore. — Donc le texte et les motifs de cet article sont applicables à cette espèce. Il n'est pas exact, d'ailleurs, de dire que le conseil n'a pas de domicile ; les publications seront faites au lieu où il se rassemble et où il siége.

Les publications faites, leur effet dure pendant une année entière (art. 65) ; mais, après ce délai, s'il n'y a pas eu de mariage, elles doivent être renouvelées. Cette règle est sage, car il peut, dans un aussi long espace de temps, être survenu de nouveaux empêchements qui n'existaient pas, ou l'on peut en avoir découvert qui n'étaient pas connus.

Pour terminer ce que nous avons à dire sur les publications, il nous reste à nous demander quelle est la sanction des prescriptions de la loi à cet égard, et quels effets produirait soit l'irrégularité des deux publications, soit leur absence complète.

Faut-il aller jusqu'à dire avec Proudhon que le défaut absolu de toutes publications serait une cause nécessaire de nullité ? Nous ne le pensons pas. Que dit en effet l'art. 192 ? que les irrégularités commises dans les publications, aussi bien que leur omission, seront punies par une amende contre l'officier public et les parties. Nous verrons plus tard que, d'après l'art. 193, la clandestinité ou l'incompétence sont sanctionnées, ou par la nullité du mariage, ou par une amende que paient les parties. Or, d'après l'art. 192, l'omission ou l'irrégularité des publications sont sanctionnées par leur amende ; donc elles ne le sont point par la nullité ; autrement la sanction serait double, et le simple défaut de publication serait plus grandement puni que le vice réel de clandestinité, ce qui serait illogique. Le défaut de publication, il est vrai, aggravera toujours les autres vices de clandestinité, et pourra être considéré comme altérant plus ou moins la publicité même du mariage. Dans ce cas, on conçoit qu'il soit un des éléments sur lesquels se fonde le juge pour prononcer la nullité du mariage, entaché d'ailleurs dans sa loi fondamentale, la publicité ; mais l'absence des publications ne peut pas être par elle-même et toute seule une cause de nullité. C'est dans ce sens que l'ancienne jurisprudence résolut la même question, malgré les termes rigoureux de l'ordonnance de Blois : «Ne pourront valablement contracter mariage sans proclamation précédente de bans. »

CHAPITRE II.

Domicile matrimonial. — Compétence de l'officier de l'état civil.

Quel que soit le lieu de la célébration du mariage, il est nécessaire que le projet en soit connu quelque temps avant son exécution, afin de prévenir les erreurs, les surprises, afin que les obstacles qui s'y opposeraient puissent surgir, afin que les empêchements autorisés par la loi puissent être connus : c'est là le but des formalités préparatoires que nous avons résumées dans lespublications. Mais, ces formalités préparatoires une fois remplies, il importe de déterminer le lieu où s'accompliront les formalités solennelles qui consacreront l'union.

Le lieu où chacun des futurs conjoints était domicilié devait naturellement attirer l'attention du législateur, comme étant celui où ils avaient eu le plus de rapports, où leurs habitudes, leur mode d'existence, leur état physique et moral, devaient être le plus connus, où les événements mêmes de leur vie passée pouvaient être le moins ignorés ; mais si la résidence actuelle était récente, les renseignements désirés n'y seraient pas obtenus, les annonces qui y seraient faites deviendraient inutiles, et le but de la loi serait manqué.

La prévision de ces inconvénients obligeait de poser des règles sur le lieu où l'on pouvait se marier, et l'officier civil qui serait compétent pour consacrer l'union : c'est là l'objet de l'étude de ce chapitre, qui se réduit à cette question : Dans quelle commune et par quel officier public le mariage doit-il être célébré?

Le point délicat dans cette matière, c'est de concilier ces deux principes également incontestables, à savoir, d'une part, que le mariage doit pouvoir être en tout temps célébré en quelque lieu ; et d'autre part, que le mariage ne doit pas être ignoré dans le lieu où les parties contractantes ont leurs relations.

L'ancien droit avait concilié ces deux règles, en permettant toujours le mariage au lieu du domicile, et en exigeant, lorsqu'un an ou six mois ne s'étaient pas encore écoulés, des publications au lieu du dernier domicile.

Dans le droit intermédiaire, la loi du 20 septembre 1702 exigea la résidence de six mois dans la commune. « Le domicile, quant au mariage, est fixé par six mois d'habitation dans le même lieu (1). »

Mais un décret d'ordre du jour du 22 germinal an II interpréta ce texte dans le sens de l'ancien droit. « Considérant que l'esprit de la loi ne saurait être d'empêcher que l'acte du mariage soit reçu dans le lieu du domicile actuel de l'une des parties qui veulent se marier, pourvu qu'elles aient rempli les formalités de la publication des promesses dans le dernier domicile où les parties contractantes ont demeuré au moins six mois. » C'est sur ces données qu'on peut le plus sûrement chercher à établir le sens véritable des textes équivoques du code.

Les trois articles suivants sont les seuls relatifs à la compétence :

« 74. Le mariage sera célébré dans la commune où l'un des époux aura son domicile. Ce domicile, quant au mariage, s'établira par six mois d'habitation continue dans la même commune. »

« 165. Le mariage sera célébré publiquement devant l'officier civil du domicile de l'une des parties. »

« 167. Néanmoins si le domicile actuel n'est établi que par six mois de résidence, les publications seront faites en outre  à la municipalité du dernier domicile. »

Il résulte de ces textes que le domicile exigé pour le mariage peut ne pas être le domicile réel. Ce domicile spécial s'acquiert par la simple résidence dans une commune, sans qu'il soit besoin d'y fixer son principal établissement, comme la loi le veut pour le domicile réel (art. 103). On peut donc avoir son domicile réel ou légal dans un lieu, et son domicile pour le mariage dans un autre lieu.

Cette disposition, qui étend la facilité de se marier à des cas nombreux, où sans cela le mariage serait impossible, répond évidemment à cette règle que nous posions d'abord, à savoir que le mariage puisse être en tout temps célébré en quelque lieu ; et disons-le *à priori*, elle semble inviter à une solution aussi large que possible des difficultés relatives au domicile matrimonial.

Ceci posé, la question de savoir en quel lieu le mariage peut être célébré s'éclaircit singulièrement. Ainsi la célébration est possible dans le lieu où les parties ont six mois de

<hr>

(1) T. 4, sect. 2, art. 2.

résidence, sans y avoir leur domicile réel (74, 167); il peut l'être à plus forte raison dans le lieu où elles ont à la fois six mois de résidence et leur domicile réel.

Mais peut-il l'être dans le lieu où elles ont leur domicile réel sans y avoir six mois de résidence, ces six mois passés dans un autre lieu leur donnant déjà le droit de s'y marier? En d'autres termes, la loi, en établissant pour la célébration du mariage un domicile exceptionnel, ne prive-t-elle pas les contractants du droit de le célébrer à leur domicile légal? Est-ce une faculté qu'elle accorde, ou une obligation qu'elle impose?

Au milieu des incertitudes de la doctrine sur cette question, quatre opinions différentes semblent se formuler spécialement.

La première enseigne que le domicile, quant au mariage, ne peut en aucun cas s'établir que par six mois d'habitation continue dans la même commune; que ce domicile spécial est à cet égard régi par des principes tout-à-fait distincts de ceux qui gouvernent le domicile ordinaire, et que dès-lors cette habitation continue pendant six mois dans la même commune est tout à la fois nécessaire et suffisante pour que le mariage puisse y être célébré; de telle sorte que la célébration ne pourrait pas avoir lieu au domicile ordinaire du futur époux, s'il n'avait pas aussi dans ce même lieu son domicile matrimonial, c'est-à-dire une résidence antérieure et continue de six mois.

La seconde opinion professe qu'on peut se marier, soit dans la commune où l'on a une résidence de six mois (résidence qui forme ainsi un domicile spécial quant au mariage), soit dans la commune où l'on a son domicile ordinaire; mais pour que la célébration puisse avoir lieu à ce dernier domicile, elle exige une condition particulière; et tandis qu'en règle générale l'établissement du domicile ordinaire n'est pas soumis à la condition d'une résidence continuée pendant un certain temps, cette opinion veut au contraire que le domicile ordinaire lui-même ne s'établisse, quant au mariage, que par une habitation continue de six mois; mais cette condition une fois remplie, le mariage pourra toujours y être célébré, lors même que la personne aurait ensuite résidé pendant six mois dans une autre commune, où elle pourrait également se marier.

Dans cette seconde opinion, l'avantage du domicile légal sur le domicile matrimonial proprement dit, c'est de rendre la célébration possible à ce domicile légal, pourvu qu'à une époque quelconque on y ait passé six mois continus, et sans qu'il soit exigé, comme cela l'est pour le domicile matrimonial, que ces six mois de résidence continue précèdent immédiatement le mariage.

La troisième opinion ne se distingue de la précédente que par une exception qu'elle pose à la latitude que nous venons d'indiquer, et qui consiste en ce que : si le domicile ordinaire n'était qu'un domicile d'origine dans lequel la personne n'aurait conservé ni résidence ni relations, une habitation continue de six mois dans le lieu de ce domicile serait nécessaire immédiatement avant l'époque où elle voudrait s'y marier.

Enfin, la quatrième opinion reconnaît, dans tous les cas, à la partie la faculté de se marier soit au lieu de sa résidence continuée pendant six mois, soit au lieu de son domicile ordinaire, sans exiger en ce cas ni pour l'établissement, ni pour la conservation de ce domicile, d'autres conditions que celles qui résultent du droit commun.

A l'appui des trois premières opinions, qui toutes tendent plus ou moins à absorber, quant au mariage, le domicile légal et ordinaire dans le domicile de fait ou la résidence de six mois, on dit : que s'il importe de favoriser la célébration des mariages, il n'est pas moins essentiel de les entourer d'une publicité sérieuse et efficace ; or, cette publicité on ne l'obtient réellement qu'autant que le mariage est célébré dans la commune de la résidence de l'un des futurs époux, dans la commune où une habitation de six mois au moins l'aura fait connaître beaucoup mieux qu'il ne le serait à son domicile de droit, lequel n'est souvent qu'une fiction juridique. S'il n'en était pas ainsi, deux individus qui craindraient, dans le lieu où ils sont connus, quelque opposition fondée à leur mariage, iraient fixer leur domicile dans un autre endroit aussi éloigné qu'ils voudraient, et là, immédiatement après les déclarations suffisantes pour opérer le changement de domicile, ils pourraient contracter mariage sans être absolument connus de personne et sans avoir même été forcés de le faire publier au lieu de leur domicile abandonné, puisque l'art. 167 n'oblige à cette formalité que ceux qui se marient dans le lieu de leur résidence, ce qui n'implique aucunement ceux qui contracteraient mariage au lieu d'un domicile acquis d'hier.

Six mois de résidence, c'est quelquefois une trop dure exigence, reprend la seconde opinion; et en voulant éviter de trop faciliter le mariage sans la publicité désirable, on s'expose à un autre inconvénient non moins réel, celui d'un mariage rendu impossible pendant plusieurs mois, et au domicile parce qu'on n'y réside pas, et au lieu de la résidence tant que les six mois ne se sont pas écoulés; et voilà pourquoi cette seconde opinion veut rendre le mariage possible au domicile de droit, pourvu qu'à la condition de domicile vienne se joindre dans le même lieu la condition d'une résidence antérieure, et à une époque quelconque, mais ayant toujours duré six mois : de cette façon on évitera le double inconvénient, celui contre lequel s'efforce de lutter le premier système, et celui qui en résulte.

On l'évitera, dit la troisième opinion, si la résidence de six mois dans le lieu du domicile légal est assez récente pour que les contractants y soient suffisamment connus; mais supposez que ce domicile, celui de leur origine, dans lequel ils ont pu résider six mois il y a de longues années, ait été depuis longtemps abandonné par eux, que depuis ce temps ils n'y aient pas reparu; les voilà oubliés, désormais inconnus malgré les six mois de résidence d'autrefois : il ne serait pas sage, dans ce cas, de leur laisser la faculté de la célébration au lieu de ce domicile juridique et fictif néanmoins; ils ne pourront donc plus s'y marier sans une nouvelle résidence de six mois.

Mais toutes ces considérations, quelque fondées qu'elles soient en elles-mêmes, perdent toute leur valeur en présence de la lettre du code.

On ne peut même pas les appuyer, comme on veut le faire, sur l'ancien droit; car si en fait de mariage il tenait compte surtout de la résidence, Pothier après avoir dit que le curé d'une nouvelle résidence sera seulement compétent pour marier après six mois, si l'ancienne était dans une paroisse du même diocèse, ou après un an entier, si elle était dans un autre diocèse, Pothier ajoute que le curé actuel peut cependant procéder au mariage, avant même les six mois de résidence dans la nouvelle paroisse, pourvu que les contractants lui présentent un certificat de publications de bans dans la paroisse d'où ils sortent.

La loi de 1792, que l'on invoque comme faisant consister le domicile, quant au mariage, exclusivement en six mois d'habitation au même lieu, fut elle-même interprétée par un décret d'ordre du jour du 22 germinal an II, qui décida que rien ne s'opposait à ce que le mariage fût célébré au lieu du domicile ordinaire, à charge de le faire publier au lieu de la dernière résidence.

Voyons maintenant si le code Napoléon a modifié cette doctrine. Quelle est d'abord la règle générale? C'est que tous les actes de l'état civil peuvent être faits au domicile des parties (art. 102). Et l'art. 165 que fait-il autre chose que d'appliquer au mariage cette théorie? Ce que fait l'art. 165, l'art. 74 le fait également, malgré sa rédaction embarrassée, dans sa première partie : là, comme dans les articles 165 et suivants, le mot domicile est employé dans son acception technique, et pour désigner le domicile général et ordinaire. Il est vrai qu'une seconde partie de cet article 74 vient étendre le domicile, en cas de mariage, à un fait nouveau, la seule résidence au même lieu pendant six mois; mais c'est là une faculté de plus qui ne détruit en rien la compétence du domicile ordinaire en fait de mariage : ce n'est pas une restriction du droit de se marier, ce n'est qu'une extension de ce droit, non-seulement au lieu du domicile légal, mais en outre au lieu où les parties auront une résidence de six mois.

Si l'on n'admet pas cette interprétation, l'art. 167 est inexplicable : en effet, en prescrivant de publier le mariage au lieu du dernier domicile outre celui du domicile actuel quand il sera établi par six mois de résidence, et par ce mot « néanmoins » placé en tête de l'article, il indique positivement que dans la pensée du législateur le mariage peut n'être pas toujours célébré dans la commune de la résidence ; et alors où le sera-t-il sinon dans le domicile réel? en un mot, les termes « *néanmoins si* » et la contexture de l'article, rapproché du précédent, indiquent une faculté d'option entre le domicile de résidence et le domicile de droit. Si cette option n'existait pas, il ne faudrait pas prévoir hypothétiquement, comme le fait l'article, le choix du domicile de fait pour la célébration, ce qui suppose le droit de choisir, pour la célébration, le domicile ordinaire; il faudrait poser une règle générale, et dire que toujours il y aura double publication; or, c'est ce que ne dit pas l'article; et les partisans des opinions opposées, pour lui donner un sens, sont obligés de l'interpréter ainsi, c'est-à-dire de le dénaturer.

Il est vrai que le conseil d'état, consulté sur la question de savoir si les militaires étaient quant au mariage soumis au droit commun, répondit « que les militaires en France, étant soumis au droit commun, ne pouvaient se marier que par devant les officiers d'état civil des communes où ils avaient résidé sans interruption pendant six mois; mais cette décision ne fait qu'assimiler la condition des militaires à celle de tous les autres citoyens, sans se prononcer d'ailleurs sur les difficultés que le droit commun peut soulever à l'égard de tous ceux qui y sont soumis. On ne peut donc citer cette interprétation comme un argument qui contredirait l'opinion que nous soutenons. Si l'on n'interprète pas l'article 74 comme une facilité donnée au mariage en autorisant sa célébration dans deux endroits différents, quelle signification a-t-il dans l'économie de la loi? Pas d'autre que celle de tenir en échec, dans bien des cas, deux personnes d'ailleurs parfaitement capables de se marier, faute d'un lieu où la célébration puisse se faire, par cela seul que les six mois de résidence ne seront pas écoulés; et cette conséquence du système contraire est vraiment inadmissible.

Il est vrai que les conditions de publicité qui ont pour but d'atteindre les règles sur le domicile, pourront être éludées lorsque le mariage sera contracté, soit dans un domicile nouvellement acquis sans aucune résidence préalable, soit dans un domicile ancien subsistant toujours en droit, mais en fait abandonné depuis longtemps; cependant les formalités qui constituent le changement de domicile créent beaucoup de chances pour faire promptement connaître celui qui l'opère : et souvent ces formalités désigneront bien plus promptement celui qui les a faites à l'attention, que tel autre citoyen qui se sera contenté d'une simple résidence, eût-elle d'ailleurs duré six mois; donc en fait, l'inconvénient qui peut surgir de cette faculté de célébration à un domicile récent est plus rare qu'on ne pourrait le craindre; en droit, une personne est censée toujours connue au lieu de son domicile. Telle est à tort ou à raison la présomption légale; ne voit-on pas d'ailleurs le domicile de droit, même le plus abstrait et le plus ignoré, attirer néanmoins à lui les actes les plus importants, l'ouverture de la succession, tous les actes de l'état civil?

Ne pourrait-on pas d'ailleurs donner au principe de la publicité la satisfaction qui lui est due, en prescrivant, si le domicile légal n'est pas accompagné d'une résidence de six mois, des publications au dernier domicile?

Si un texte précis n'autorise pas ce palliatif, on peut dire tout au moins que les publications se faisaient ainsi dans l'ancien droit; que, lors des travaux préparatoires du code, M. Tronchet, après avoir dit « que le mariage pouvait être célébré dans le lieu du domicile réel sans la résidence de six mois, déclara positivement qu'alors les publications seraient faites au lieu du domicile réel et au lieu de la résidence (1). Enfin, si cette doctrine peut susciter de graves objections, elle a du moins cet avantage d'être en harmonie avec un système adopté dès longtemps par l'ancienne jurisprudence, et consacré même par le droit intermédiaire.

On peut appliquer au domicile spécial du mariage, les règles du domicile légal lui-même, et dire que le domicile de mariage acquis par six mois de résidence dans une commune, ne cesse pas dès qu'on vient à discontinuer l'habitation dans cette commune. En effet, en matière de domicile, il est de principe qu'il n'y a ni perte pure du domicile actuel, ni acquisition pure d'un domicile nouveau, mais changement de domicile; c'est-à-dire qu'un domicile ne se perd que par les causes qui en font acquérir un nouveau. Le domicile de mariage, qui s'acquiert par six mois passés dans une même commune, doit donc se perdre seulement par six mois passés hors de la commune.

A la vérité, on ne pourrait pas appliquer ici la théorie du changement de domicile dans toute sa rigueur; le grand principe de la publicité du mariage s'y oppose. Ainsi, on ne pourrait pas dire que le domicile ne se perdra que par six mois passés dans une autre commune, de manière à ce que l'ancien domicile continue toujours jusqu'à l'acquisition d'un nouveau; car ce serait dire que deux personnes, parties d'une commune depuis cinq, dix, quinze années ou plus, sans être jamais restées six mois de suite dans le même pays, pourraient venir se marier dans cette commune où personne ne les connaît plus; ce serait là, il semble, se mettre en contradiction avec l'esprit de la loi. Mais pourquoi n'admettrait-on pas cette théorie jusqu'aux limites dans lesquelles elle s'harmonise avec la pensée du législateur ? Pourquoi ne permettrait-on pas le mariage à l'ancienne résidence pendant les six mois qui suivent le départ ? Si la loi suppose que six mois sont nécessaires pour que celui qui vient habiter une commune y soit suffisamment connu, n'en résulte-t-il pas que

<hr>

(1) Séance du conseil d'état, 4 vendémiaire an x.

plus de six mois seront nécessaires pour que la connaissance une fois acquise se perde?

Ainsi, en résumé, le domicile spécial du mariage durera, non pas tant qu'il ne sera point remplacé, mais tant qu'il sera légalement impossible de le remplacer, c'est-à-dire tant que six mois ne seront pas écoulés depuis le changement d'habitation. Cette doctrine si rationnelle est enseignée par un auteur d'une grande autorité, M. Coin Delisle; et nous croyons qu'elle est de nature à éviter bien des difficultés en matière de célébration de mariage.

Tout ce qui vient d'être dit sur le domicile matrimonial ne s'applique qu'aux majeurs et aux mineurs émancipés. Quant aux mineurs non émancipés, ils ne peuvent pas acquérir par eux-mêmes un domicile qui leur soit propre (art. 108). Leur mariage devra donc être célébré au domicile légal de leur père, mère ou tuteur. Mais quoiqu'une résidence personnelle de six mois ne puisse être considérée comme leur acquérant un domicile pour le mariage, ils peuvent cependant jouir de l'avantage de ce domicile d'exception, par l'habitation pendant six mois, de leurs auteurs dans ce domicile exceptionnel. C'est une conséquence du principe que le pupille est censé habiter avec ceux qui administrent sa personne et ses biens. Toutefois, les déplacements fâcheux que cette règle pourrait occasionner dans certains cas, ont introduit l'usage de marier bien des jeunes gens au lieu de leur résidence; usage sans danger d'ailleurs, puisque les publications doivent être faites au lieu du domicile des parents (1).

La théorie du domicile matrimonial ne comprend pas seulement le lieu où le mariage doit être célébré; elle implique de plus la désignation de l'officier public qui sera compétent pour cette célébration.

Cette désignation résulte de l'article 75, qui donne à l'officier d'état civil qualité pour procéder aux formalités du contrat civil, dans la maison commune.

Elle résulte, en outre, de l'art. 165, aux termes duquel le mariage doit être célébré publiquement devant l'officier civil du domicile de l'une des parties.

L'officier d'état civil, c'est-à-dire, aux termes de la loi du 28 pluviôse an VIII, ou le maire ou l'adjoint qu'il a délégué à cet effet; en son absence, celui des membres du conseil mu-

(1) Hutteau d'Origny, tit. 7, chap. 1.

nicipal désigné par la loi pour remplir ses fonctions, voilà donc le ministre de la loi en ce qui concerne le mariage; mais de plus le seul compétent, c'est seulement le fonctionnaire qui a ce caractère dans la commune où est faite la célébration. Tout autre officier civil serait sans caractère, et par conséquent sans compétence, s'il était attaché à une autre commune, fût-il même celui du domicile de l'un des contractants; car les pouvoirs que chaque officier de l'état civil tient de la loi n'existent que dans la commune à laquelle il appartient; c'est là seulement que sont déposés les registres sur lesquels il a le droit d'inscrire les actes de l'état civil, et par conséquent l'acte de mariage qu'il vient de célébrer. Rien ne compromettrait plus la validité ou plutôt l'existence même du mariage qu'une célébration faite par un individu sans caractère public à cet effet (1).

La constitution de 1701 avait proclamé que le mariage n'était considéré que comme contrat civil: s'emparant de ce principe dont aucune loi n'avait encore réglé l'application pratique, plusieurs personnes contractèrent des mariages devant divers officiers publics comme des notaires et même des huissiers; ces mariages furent validés par la loi du 25 septembre 1702; cette loi voulut seulement que les époux fussent tenus, dans la huitaine de sa publication, de déclarer leur mariage devant l'officier civil de la municipalité où il en était dressé acte : un avis du conseil d'état, du 18 germinal an XI, décide que ces mariages sont valables, bien que cette déclaration prescrite par la loi de 1702 n'ait pas été faite.

Ce texte précis du code a mis fin à toutes ces hésitations antérieures.

On a prétendu que ni les textes, ni les principes, ni la raison, n'imposent à l'officier de l'état civil l'obligation de célébrer le mariage dans les limites seulement de sa commune. — Les textes : L'art. 165, qui a surtout pour but de régler la compétence, prescrit la célébration « devant l'officier de l'état civil de l'une des parties, » et ne dit pas un mot du lieu de la célébration. L'art. 74, qui s'en occupe, pose à cet égard non pas une règle de droit, mais bien plutôt une règle de procédure qui n'est même garantie par aucune sanction. Bien différents sont les textes qui interdisent à certains officiers publics d'instrumenter hors des limites de leur territoire.

(1) Zachariæ, Valette sur Proudhon.

L'art. 68 de la loi du 25 ventôse an xi, pour les notaires! la déclaration du 1er mars 1730 pour les huissiers! nous n'avons ici rien de pareil. — Les principes : D'une part, si l'officier de l'état civil exerce une juridiction quelconque, ce n'est assurément qu'une juridiction volontaire ; or, il est de règle ancienne que l'exercice de cette juridiction n'est pas circonscrit dans de certaines limites (1); on pourrait même avec vérité soutenir que l'officier de l'état civil n'exerce en pareil cas aucune juridiction proprement dite; d'autre part, les parties ne sont pas obligées d'employer le ministère du notaire ou de l'huissier de leur domicile; elles peuvent, partout où elles se trouvent, se servir de l'officier ministériel du lieu. Au contraire, on ne peut se marier que devant l'officier de l'état civil de son domicile, et on comprend dès lors très bien comment la compétence des premiers est purement territoriale, tandis que celle du second est personnelle. En vain on objecte que les maires, en leur qualité d'administrateurs et d'officiers de police judiciaire, ne peuvent agir hors de leur territoire : il suffit de répondre que leurs fonctions d'officier de l'état civil sont tout à fait distinctes de leurs autres fonctions. La raison enfin et l'intérêt de la société exigent qu'un mariage qui réunit d'ailleurs toutes les conditions de validité requises puisse être célébré; et la loi serait imprévoyante et injuste, si dans le cas d'urgence elle ne permettait pas à l'officier de l'état civil d'aller le célébrer même en dehors de son territoire. Un homme, père d'un enfant naturel, est sur son lit de mort dans l'hospice d'une commune qui n'est celle ni de son domicile, ni du domicile de la mère de son enfant; l'officier de l'état civil de leur commune arrive : il est là, et il ne pourrait pas célébrer le mariage qui doit légitimer la femme et l'enfant! et personne autre que lui pourtant n'a qualité pour le célébrer! Un tel résultat n'est pas admissible (2).

Nous répondrons à cette argumentation que d'abord; pour ce qui regarde les textes, les art. 74 et 165, en prescrivant le mariage au lieu où l'un des époux aura son domicile, et devant l'officier civil du domicile de l'une des parties, supposent bien certainement que cet officier civil est à son poste dans sa commune, là où se trouvent les registres sur lesquels les actes doivent être signés sur-le-champ (art. 75); qu'il est enfin au lieu du domicile de la partie. La désignation de l'officier

<hr>

(1) L. 2, de off. proconsulis. — (2) Vazeille, t. 1, p. 251.

public emporte avec elle la désignation même du lieu de la célébration. Dans l'opinion adverse, sur quoi se fonde la distinction faite entre la juridiction contentieuse et volontaire, distinction qui, juste à certains égards, n'est nullement reproduite dans les textes actuels? Si le maire de Marseille n'est pas maire à Paris, ce qui résulte des principes de notre droit public, comment serait-il à Paris officier d'état civil, en cessant d'y être maire? s'il n'y peut recevoir un acte de naissance ou de décès même d'un Marseillais, ce que reconnaissent les adversaires de l'opinion que nous soutenons, comment aurait-il le droit d'y célébrer un mariage? De ce que la partie peut se servir indifféremment de tous les notaires, et ne peut se marier que devant l'officier de l'état civil de son domicile, il ne s'ensuit pas qu'elle soit renfermée à cet égard dans une rigueur excessive, puisqu'en définitive un mariage peut encore se célébrer dans quatre endroits différents. Il n'y a donc pas de milieu entre ces deux règles : ou il faut admettre que le mariage pourrait être valablement célébré par un officier de l'état civil tout à la fois incompétent *ratione loci*, et *ratione personarum*, c'est-à-dire qui marierait, hors de sa commune, deux personnes qui n'auraient ni l'une ni l'autre, ni domicile, ni résidence dans la commune de cet officier public (car la logique de l'erreur veut qu'on aille jusque là); ce qui est inadmissible, puisque ce prétendu maire ne serait, et quant au lieu et quant aux personnes, qu'un simple particulier; ou il faut dire, comme nous le croyons, que si les deux parties, ayant chacune le domicile requis pour le mariage, peuvent choisir entre deux officiers de l'état civil, ce n'est qu'à la condition de se marier devant l'officier compétent, c'est-à-dire exerçant sa juridiction au lieu où se célèbre le mariage. Serait donc irrégulier le mariage célébré dans une commune où habite l'un des contractants, mais devant celui des deux officiers civils qui n'y exerce pas ses fonctions.

Le domicile matrimonial, l'officier public compétent, une fois désignés, il reste à faire connaître le lieu même de la célébration; c'est, d'après les textes, la maison commune : les parties ne pourraient forcer l'officier civil de les marier ailleurs. Toutefois, malgré des opinions contraires sur ce point, j'inclinerais à penser que des motifs graves et légitimes, dont il est le juge, pourraient l'autoriser à célébrer un mariage dans un autre lieu de sa commune, sur la demande qui lui en serait faite, sauf à suppléer à l'absence de cet élément de publicité

par des avertissements faisant connaître l'endroit de la célébration, qui aura toujours lieu les portes ouvertes (1).

Cette opinion me semble suffisamment autorisée par les
observations qui furent présentées lors de la discussion sur
les causes de nullité du mariage, et dans laquelle il fut reconnu que le mariage pourrait être célébré hors de la maison
commune, pourvu qu'il le fût publiquement et par l'officier
civil compétent.

La loi, dit Locré, dans son *Esprit du Code civil*, n'ôte point
à l'officier de l'état civil la faculté de se transporter, dans les
cas d'urgence, hors du lieu ordinaire de la célébration des
mariages ; car non-seulement elle ne déclare pas nul le mariage qui a été ainsi célébré, mais elle ne voit même pas là
une irrégularité qui doive, comme celle qu'elle prévoit dans
les articles 50 et 192, entraîner la peine la plus légère. Les
paroles de Portalis, « que le mariage doit être fait en présence
du public, dans la maison commune, et que cet officier public n'a aucun pouvoir personnel de changer le lieu et de modifier les formalités de la célébration, » ne peuvent pas être
un argument contre cette théorie ; car la suite du passage qui
commence cette citation démontre que la célébration dans la
maison commune est indiquée comme un moyen d'en assurer
la publicité, et non comme la condition *sine qua non* de la
validité de la célébration. Ce moyen peut donc être remplacé
par un équivalent, alors surtout que la loi ne le prescrit pas
à peine de nullité. La seule conséquence à tirer de la seconde
phrase de Portalis serait de punir, conformément à l'article
193, l'officier public qui prendrait sur lui de célébrer le mariage hors la maison commune sans y être forcé par des circonstances extraordinaires (2).

Ainsi la règle que la célébration doit être faite dans la maison commune, ne rend pas toujours le mariage annulable
parce qu'il sera fait dans une maison particulière. Un mariage *in extremis* ne peut guère être contracté autrement, et
il est valable. Il était même considéré comme tel dans l'ancien droit, qui le privait des effets civils. La déclaration de
1639 déclarait incapables de toutes successions les enfants
nés des femmes que les pères avaient entretenues et qu'ils
épousaient à l'extrémité de leur vie. L'édit de mars 1697 confirma sur ce point la déclaration et l'étendit aux femmes. Il

(1) Coin Delisle, 75, n° 1-6. — (2) Répertoire de Merlin. V° Mariage.

paraissait étrange, disait Portalis, qu'une personne mourante pût concevoir l'idée de transformer subitement son lit de mort en lit nuptial... On appréhendait avec quelque raison les surprises et les machinations ténébreuses ; puis, à raison du commerce antérieur, qui presque toujours motivait ces sortes d'unions, la morale religieuse n'était pas étrangère à une prohibition dont l'effet devait être de prévenir le désordre des mœurs par la considération de la honte irréparable et des peines sans remède qui y étaient attachées.

Mais l'expérience fit voir d'ailleurs qu'une pareille prohibition était trop souvent impuissante contre la licence, et qu'en livrant au désespoir un père mourant qui ne pouvait apaiser ses remords et assurer l'état de sa postérité, on punissait surtout de malheureux enfants victimes innocentes d'une faute qui leur était étrangère ; on considéra que si le mariage *in extremis* a ses dangers, il a aussi ses avantages, et qu'après tout, en se plaçant à un autre point de vue, il pourrait être envisagé comme la juste réparation d'une faute. C'est sous l'influence de ces idées que la loi de 1792 ne défendit pas ces mariages ; et comme elle détermina tous les empêchements qu'elle entendait maintenir, et qu'elle abrogeait les lois antérieures sur la matière, les mariages *in extremis* furent dès lors permis en observant d'ailleurs les formalités prescrites. Telle a été aussi la pensée du législateur moderne (1).

Nous avons vu que dans l'ancien droit la nullité du mariage était la sanction de l'incompétence du ministre de la célébration. Faut-il en dire autant aujourd'hui ? Cette question a également soulevé les avis les plus contradictoires. Avant de les exposer, rappelons-nous que l'incompétence peut exister sous plusieurs rapports : elle a lieu d'abord lorsqu'un officier civil célèbre un mariage hors de sa commune, quoiqu'il soit celui de l'une des parties ; elle a lieu encore lorsqu'aucun des conjoints n'a son domicile matrimonial dans la commune où l'officier public qui le célèbre exerce ses fonctions. On peut citer comme dernier cas d'incompétence personnelle le mariage célébré par un fonctionnaire autre que l'officier de l'état civil, ou par un simple particulier.

Dans ce dernier cas, l'incompétence du fonctionnaire qui a célébré l'union est telle qu'il n'est pas douteux qu'elle a pour

(1) Fevret, t. 0, p. 164.

effet d'invalider le mariage et de créer une nullité absolue. Personne ne conteste ce point; mais si le mariage a été célébré par un véritable officier de l'état civil, et qu'il soit incompétent, soit *ratione personæ*, soit *ratione loci*, la question se représente entière et fait naître des solutions contradictoires. Selon les uns, toutes les fois qu'il y a incompétence dans la célébration, de quelque nature qu'elle soit, le mariage doit être annulé; car, dit-on, dans l'intention du législateur il n'est pas de cause de nullité plus radicale que celle-là : « Il n'y a pas de mariage, disait Portalis, mais commerce illicite entre personnes qui n'ont point formé leur engagement en présence de l'officier public, témoin nécessaire du contrat. » Il est donc impossible d'abandonner à l'arbitraire du juge cette forme essentielle! La nature des choses résiste d'ailleurs à cette théorie des demi-compétences : la compétence de l'officier public est une condition absolue qui n'est pas susceptible de plus ou de moins : l'officier public sera tout à fait compétent, ou bien il ne le sera pas du tout : ce fait unique, indivisible, il n'y a qu'à le constater et à en tirer les conséquences.

Toutefois, l'examen des textes et des principes semble résister à cette interprétation. En effet, l'article 193, ainsi que le précédent, pose une sanction aux prescriptions réglementant la forme du mariage; or, on ne peut méconnaître qu'il prévoit l'hypothèse d'un mariage incompétent, sans l'annuler pour cela. En effet, il prononce des peines pécuniaires contre les infracteurs des règles posées dans l'art. 165. Quelles sont ces règles ? La publicité et la compétence de l'officier public : donc les contraventions soit à l'une soit à l'autre de ces règles peuvent n'être pas jugées suffisantes pour entraîner la nullité du mariage; et il ressort de la combinaison de ces deux articles que l'incompétence n'est point par elle-même, et toute seule, une cause de nullité du mariage, et que l'art. 193 autorise le juge à apprécier si l'incompétence est de nature à motiver la nullité parce qu'elle révèle la fraude et porte une atteinte grave à la publicité, ou bien si elle n'est de nature qu'à motiver une peine pécuniaire, auquel cas elle peut n'avoir rien de commun avec la publicité dans laquelle on a voulu à tort la confondre.

Si la compétence est un élément de publicité du mariage, et nous ne le nions pas, elle doit être, dans certains cas, traitée comme toutes les conditions qui concourent au même but; mais en outre la loi distingue d'une manière formelle la publicité de la célébration et la compétence de l'officier civil (105, 191). Sans doute la compétence concourt à la publicité, en ce qu'elle détermine le lieu où les parties sont le mieux connues; mais elle fait davantage, elle donne à un officier d'état civil l'autorité qu'il n'aurait pas autrement : elle doit donc être, dans d'autres cas, considérée comme une chose distincte. A ce point de vue, nous le reconnaissons, l'incompétence est peu susceptible de nuances et de degrés; mais, en tant qu'élément de publicité, elle est, suivant les cas, d'une importance plus ou moins grande. Il est tel cas où il serait injuste d'annuler un mariage parce que les parties de bonne foi n'ont pas su donner la solution exacte à la question quelquefois fort délicate de la compétence. Enfin, la lettre de la loi est ici, comme nous l'avons vu, en harmonie parfaite avec l'équité; et c'est assurément la force de ces considérations qui a inspiré les arrêts nombreux par lesquels la jurisprudence semble avoir fixé cette solution, que l'incompétence de l'officier civil ne saurait être, en toute hypothèse, une cause nécessaire de nullité du mariage.

CHAPITRE III.

Formes obligatoires. — Célébration civile.

Toutes les formalités préliminaires à la célébration ont été remplies. Le lieu et l'officier de l'état civil compétent nous sont connus : à ce dernier ont été remises toutes les pièces qui doivent justifier de l'accomplissement des conditions requises pour que le mariage projeté puisse avoir lieu, telles que : 1º l'acte de naissance de chacun des futurs époux, afin de constater son âge et sa filiation; 2º l'acte de consentement des ascendants, ou les procès-verbaux des actes respectueux; 3º une expédition authentique des dispenses d'âge, de parenté, ou d'alliance qui auraient été accordées; 4º les certificats des diverses publications prescrites; 5º la main-levée des oppositions s'il en a été formé, ou les certificats négatifs. Arrive enfin le jour de la célébration civile de l'union, que les parties peuvent déterminer à leur gré, sans toutefois qu'elles soient en droit de contraindre le ministre de la loi à célébrer

______
(1) Sirey, cassation, 1824. — Toullier, Demante, Vazeille.

leur mariage pendant ces jours de repos, que l'article 57 de la loi du 18 germinal an x accorde les dimanches et fêtes à tous les fonctionnaires publics.

Il nous reste à savoir comment se fait cette célébration, dont les règles sont renfermées dans les articles 75 et 76 du code.

Reconnaissons d'abord les personnages qui sont en scène : 1º l'officier de l'état civil; 2º les témoins au nombre de quatre, parents ou non parents, sans qu'il soit nécessaire qu'ils sachent signer, comme l'exigeait la déclaration de 1736; 3ª enfin les parties. Mais faut-il que les parties comparaissent ensemble et en personne ? en d'autres termes peut-on se marier par procureur?

Pour l'affirmative on dit : la règle générale est qu'on peut agir par soi-même ou par un fondé de pouvoir (art. 1984), à moins qu'un texte de loi, ou du moins le caractère essentiel de l'acte, n'exige la présence de la partie elle-même : or, le mariage n'est-il pas un contrat comme tout autre engagement ? Aucun texte d'ailleurs ne prescrit la présence en personne des futurs époux, et d'autre part il n'est pas de l'essence de la célébration du mariage qu'elle ne puisse pas être faite par procureur, puisque ce mode de célébration était admis en droit romain (1), et dans notre ancien droit français (2); donc rien ne s'oppose à ce qu'il soit encore aujourd'hui pratiqué. Il n'est point exact de dire que le droit canonique, qui permettait le mariage par procureur, ne le permettait qu'à des conditions incompatibles avec les principes modernes, qui font produire effet au contrat passé de bonne foi avec des tiers, même après la révocation du mandat, mais dans l'ignorance de cette révocation. Si le mariage par procureur n'était valable qu'autant que la procuration n'avait point été révoquée avant la célébration, c'est que, comme le disait Pothier, le consentement des parties est tellement de l'essence du mariage au temps auquel il se contracte, que lorsqu'il a cessé par la révocation de la procuration quoique ignorée, il ne peut pas se suppléer pour quelque cause que ce soit (3). Mais il faut remarquer qu'au temps où Pothier écrivait ces lignes, le mariage par l'union du sacrement au contrat

____

(1) Loi 5, de ritu nuptiarum. — (2) Pothier, nº 367.
(3) Pothier, du mariage, t. 2.

civil n'avait point le même caractère que dans notre loi moderne.

On peut dire au contraire que si le mariage était parfait même par la cérémonie de la célébration faite par procureur, alors qu'à côté du contrat civil il y avait un sacrement qui supposait la présence du contractant, et des devoirs personnels à remplir pour s'en rendre digne, il doit l'être à plus forte raison aujourd'hui : les réserves de la décrétale de Boniface VIII n'ont plus d'actualité, et les principes généraux du mandat peuvent, malgré des inconvénients exceptionnels, recevoir leur pleine application même dans le mariage par procuration, qui aux yeux de la loi n'est plus qu'un contrat purement civil, soumis aux principes généraux pour tout ce qui n'est pas spécifié par les règles qui lui sont spéciales. L'article 36 du code, d'après lequel les parties pourront se faire représenter par un fondé de procuration spéciale et authentique, dans les cas où elles ne seront point obligées de comparaître en personne, semble autoriser à dire que, par cela même qu'aucune disposition expresse de la loi n'oblige les parties à comparaître en personne à l'acte civil du mariage, elles peuvent s'y faire représenter par un procureur.

Si l'article 75 ordonne certaines lectures de l'officier public aux parties, cette lecture n'est assurément pas une formalité essentielle de la célébration ; et en supposant la présence des parties, l'article en question ne fait que supposer le cas le plus fréquent, sans pourtant vouloir exclure l'hypothèse contraire. Cette lecture peut d'ailleurs être reçue avec moins d'émotion par le procureur fondé pour la transmettre à la partie qu'il représente. Il en est de ce cas comme des actes des notaires, dont la loi prescrit la lecture aux parties, ce qui n'empêche pas qu'elles puissent y faire présenter pour elles un procureur fondé. Enfin, si la procuration offre quelquefois des inconvénients, la nécessité de la présence personnelle des parties n'en offrirait-elle pas elle-même et de très-sérieux ? Est-ce qu'il ne serait pas bien regrettable de rendre impossible le mariage entre deux personnes que des nécessités impérieuses sépareraient l'une de l'autre par de grandes distances, surtout s'il y avait urgence, et s'il s'agissait de légitimer des enfants naturels avant la mort prochaine de leur père ou de leur mère ? Où serait d'ailleurs, si le mariage avait eu lieu par procureur, le texte en vertu duquel vous en pourriez prononcer la nullité ? n'est-ce pas enfin de cette manière que se font encore de nos jours les mariages des princes (1) ?

Cette argumentation est-elle aussi fondée qu'elle est spécieuse? nous ne le pensons point; et il nous semble au contraire que du texte même de la loi, et du caractère essentiel du mariage, il est permis de conclure que la présence des parties elles-mêmes est exigée, en ce sens du moins que l'officier de l'état civil peut et doit refuser de procéder à la célébration en présence d'un fondé de pouvoir.

Que disent les textes? L'article 36 porte : « Dans les cas où les parties intéressées ne seront pas obligées de comparaître en personne... » L'un de ces cas où la présence personnelle des parties était exigée, c'était celui du divorce. Il est vraisemblable d'ajouter que l'autre était dans la pensée du législateur, celui de la célébration du mariage; il est en effet naturel de penser que la loi qui exigeait la présence des parties pour dissoudre le mariage, a dû aussi par une raison au moins égale exiger leur présence pour le former. Cette intention résulte d'ailleurs de toutes les discussions du conseil d'état dans lesquelles le premier consul déclara, sans contradiction, que « le mariage n'a plus lieu qu'entre personnes présentes. » Enfin, les divers articles (74-75) parlent toujours et uniquement des parties, et ne supposent même pas qu'elles pourraient se faire représenter, comme ils ont pris soin de le dire dans d'autres cas moins douteux et moins importants (art. 933). Sans doute la lecture de certaines pièces n'est pas prescrite à peine de nullité; mais cette formalité témoigne de l'intention du législateur, en ce qui touche la présence des parties ; car cette lecture ne signifie plus rien, et devient presque ridicule, si elle s'adresse à un mandataire. Voilà pourquoi il nous semble qu'on ne peut pas forcer l'officier de l'état civil à accepter un tel rôle, car tout ceci pourrait devenir très-étrange. D'après le système qui autorise la procuration, la future épouse pourrait être représentée par un homme ou le futur époux par une femme (1000). Voyez-vous l'officier de l'état civil célébrant le mariage entre deux hommes ou entre deux femmes !

Ce n'est donc pas aller trop loin que de dire, malgré l'autorité de l'ancien droit, que le caractère essentiel de cet acte exige la présence des parties.

S'il n'en est pas ainsi, que de dangers présente la célébration par procureur pour la liberté des parties, pour cette

(1) Toullier, t. 1. — Coin Delisle, art. 36, nos 6 et 7.

liberté que la loi leur assure jusqu'au dernier moment, malgré leurs promesses antérieures ; car il n'est pas possible de se soustraire à l'application des règles sur le mandat et des articles 2008 et 2009, qui maintiennent sans distinction, au profit des tiers, les actes faits de bonne foi par le mandataire, même depuis la révocation du mandat. Donc, si le mariage pouvait avoir lieu par procureur, il pourrait arriver qu'au moment où ce procureur ferait une réponse affirmative à l'officier de l'état civil, la partie elle-même eût déjà révoqué son mandat : donc, cette partie pourrait se trouver mariée contre son consentement ! Une semblable conséquence est trop irrationnelle pour être admissible. Je suppose qu'on introduise arbitrairement aux articles 2008 et 2009 l'exception de l'ancien droit, par laquelle la procuration pour mariage ne valait qu'autant qu'elle n'avait pas été révoquée avant la célébration, au su ou à l'insu du mandataire (et comment supposer que le code, s'il admettait le mariage par procureur, n'eût pas conservé au moins un reflet de cette sage prescription); croit-on que cette exception admise porterait remède au mal ? Qui sait si la partie absente ne sera pas violentée jusqu'au dernier moment ? Qui sait si ce fondé de pouvoirs n'est pas un des complices de celui qui veut l'épouser contre son gré ? Qui vous dit enfin que si cette partie était là en présence de l'officier public, elle ne protesterait pas hautement, au lieu de consentir ? Concluons donc que si le mariage contracté par procureur peut n'être pas déclaré nul, tout au moins il ne s'ensuit pas qu'il puisse être fait régulièrement ainsi, et qu'on ait le droit d'y contraindre l'officier de l'état civil.

Lorsque les futurs époux sont en présence, devant le ministre de la loi et les témoins, le moment est venu d'accomplir les formalités mêmes de la célébration : elles sont énoncées dans l'art. 75, qui reproduit les mêmes que celles établies par la loi du 20 septembre 1792. Le code a seulement ajouté la lecture du chapitre 6 du titre du mariage sur les droits et les devoirs respectifs des époux ; prescription sage dont l'exécution est destinée à imprimer des pensées graves dans l'esprit des jeunes époux, mais qui manque trop souvent son but par l'absence de dignité dans le ministre, et de recueillement dans ceux qui l'écoutent.

Cette lecture intégrale des pièces préparatoires aussi bien que du texte de la loi, a plus d'importance qu'on ne le penserait au premier abord : elle pourrait apprendre à l'une des parties des circonstances qu'elle ignorait, et la porter peut-être à refuser son consentement. En tout cas, elle leur donne à toutes les deux, et surtout à une jeune fille dont on aurait forcé les inclinations, le temps de réclamer à la face du public. Elle laisse enfin dans l'esprit des époux des souvenirs qui les porteraient à interroger la loi comme leur régulatrice, si pendant le cours du mariage il survenait entre eux quelques difficultés.

De toutes les formalités voulues par l'art. 75, deux surtout sont essentielles au contrat qu'elles constituent, ce sont :

La déclaration faite par chaque partie l'une après l'autre, à l'officier de l'état civil qui la reçoit, qu'elles veulent se prendre pour mari et femme ;

Et celle de l'officier public qui, après les interrogations d'usage, prononce, au nom de la loi, qu'elles sont unies par le mariage :

La loi du 10 juillet 1850 a prescrit d'ajouter aux interrogations déjà existantes, l'interpellation de l'officier public aux futurs époux, à l'effet de savoir s'il a été fait un contrat constatant les conditions pécuniaires de leur union.

Le prononcé de l'union par le ministre de la loi, imprime à l'engagement des époux, dans la sphère légale, le caractère d'un contrat public et indissoluble ; aussi bien, sans la manifestation verbale de la volonté des futurs époux, la société conjugale n'existe pas ; mais il ne suffit point, pour la célébration, que les futurs époux aient exprimé leur consentement réciproque. Il faut, de plus, que l'officier public les déclare unis. Le concours seul de ces deux formalités forme l'engagement civil, sans lequel le lien n'est pas formé, et par conséquent le mariage n'est pas de valeur légale.

Voilà les deux conditions substantielles que doit relater avant tout l'acte de mariage, dont la rédaction immédiate est prescrite par la loi, dans le but de prévenir toute espèce d'oubli ; cet acte devant former le titre des époux, et en général la preuve légale du mariage (art. 194, 195), il doit énoncer tous les documents qui en établissent la validité. Il importe donc qu'il constate, outre les formes mêmes de la célébration, l'identité des époux et l'accomplissement des différentes conditions de capacité requises par la loi. Tel est le but des prescriptions de l'art. 76.

Les parties ont répondu, l'une après l'autre, qu'elles consentaient à se prendre pour mari et femme : l'officier public a prononcé au nom de la loi leur union.... Mais tout-à-coup, et avant que l'acte de mariage soit signé, voilà l'officier de l'état civil frappé d'apoplexie; ou bien, l'une des parties elle-même meurt subitement; ou enfin, elle se sauve et refuse obstinément de signer! Le mariage a-t-il été célébré? cela revient à savoir si l'acte est exigé comme condition constitutive de l'existence même du mariage, *ad solemnitatem*, ou seulement comme moyen de preuve, *ad probationem*.

Pothier répondait ainsi à cette question : « Le mariage étant parfait par le consentement que les parties se donnent en présence de leur curé, avant que l'acte ait été rédigé, il s'ensuit qu'il n'est pas de l'essence du mariage, et qu'il n'est exigé que pour la preuve. » Rien n'annonce que le législateur moderne ait entendu modifier ce principe. Les textes nous en démontrent, au contraire, la confirmation implicite, car voici ce qui en ressort : ou le défaut d'une signature proviendra d'un fait indépendant de la volonté d'un des signataires, et alors elle peut être suppléée par la déclaration du motif qui a empêché la signature dont il s'agit (art. 39), sans que l'acte soit nul pour cela : dans cette hypothèse, il y aura lieu de recourir, pour compléter l'acte irrégulier, aux moyens de preuve qu'indique l'art. 46, auquel renvoie l'art. 194, tout en exigeant la représentation de l'acte du mariage, pour réclamer le titre d'époux. Ou bien le refus de signer est venu de l'une des parties ; et alors il y aura lieu d'examiner si le consentement qu'elle avait d'abord exprimé était libre, ce qui constitue une question d'une autre nature; et s'il était reconnu que ce consentement était libre, le mariage n'en aurait pas moins été célébré valablement. Toutefois, malgré le caractère qu'a l'officier de l'état civil pour constater d'une manière probante tout acte qui est son œuvre personnelle, il faut pourtant reconnaître que l'acte auquel manquerait la signature de l'une des parties refusant de signer, ne ferait foi du mariage que dans la mesure où les tribunaux reconnaîtraient sa valeur probante ; car si la loi (art. 39) autorise l'officier de l'état civil à suppléer par sa déclaration à la signature des parties qui ne peuvent ou ne savent signer, elle ne leur accorde point, ni à eux ni aux notaires (1), le pouvoir d'attester le consentement d'une partie qui refuse sa signature.

Toutes ces formes de la célébration sont, on peut le remar-

(1) Loi, 25 ventôse an VI, art. 14.

quer, autant d'éléments de la grande loi qu'a posée le législateur en matière de célébration du mariage, la publicité. C'est à cette idée de la publicité que se rattache toute la théorie des publications; c'est pour favoriser la notoriété de l'union que sont édictées les règles relatives au domicile matrimonial, et la compétence de l'officier de l'état civil est encore, dans son acception la plus ordinaire, un élément de publicité; enfin les formes mêmes de la célébration sont comme le suprême effort que fait la loi pour empêcher le mariage clandestin, c'est-à-dire ces unions qui, ayant honte d'elles-mêmes, redoutent la publicité et la sanction de la société et de la loi.

De tous les vices, en effet, qui peuvent affecter un mariage, la clandestinité est le plus abusif, et par conséquent le moins tolérable : il peut être une source de fraude et de désordres. L'homme marié clandestinement peut profiter de l'ignorance où est le public sur sa position pour violer tous ses engagements, pour se jouer du titre d'époux et de père, pour tromper des familles trop confiantes, pour contracter de nouveaux nœuds, livrer enfin au désespoir et à la honte une seconde épouse, si la première vient à faire valoir ses droits. « Ou il faut renoncer à toute législation sur les mariages, disaient les rédacteurs du code, ou il faut proscrire la clandestinité. » L'ancienne législation l'avait également senti; nous avons vu les efforts qu'elle fit pour les proscrire, et comment fut étendue, du droit canonique au droit civil, la prohibition que fit le concile de Trente de contracter mariage hors la présence du curé de l'une des parties et de deux témoins (1), sous peine de nullité de ce mariage.

La législation nouvelle a dû déployer la même rigueur contre les mariages clandestins, c'est-à-dire qui ne sont pas célébrés avec les solennités et la publicité prescrites. Mais, aux yeux de la loi, la clandestinité a deux degrés distincts et diversement criminels : D'une part un mariage, ou plutôt un commerce usurpant ce nom sacré, sans droit et sans pudeur, a été formé sans que la société l'ait jamais connu, sans qu'aucun officier public soit intervenu, et a été constamment enseveli dans le mystère et les ténèbres; l'union de cette sorte ne peut être aux yeux de la loi d'aucune valeur, à moins que la bonne foi y ait présidé; car quel lien peut pro-

(1) Ordonn. de mars 1607 et du 15 juin suivant.

duire une vaine promesse sur laquelle le sceau de la loi n'a pas été imprimé? Comment un simple consentement exprimé devant un homme sans caractère légal pourrait-il élever la cohabitation de deux personnes à la dignité du mariage, et honorer du titre de légitimes les malheureux fruits d'un concubinage prolongé?

C'est à ces sortes d'unions clandestines que les tribunaux doivent appliquer dans toute leur rigueur les règles de la publicité légale, et la nullité attachée à leur inobservation : aucun doute sur ce point.

D'autre part, un mariage peut avoir été contracté et célébré avec quelques-unes des conditions que la loi prescrit, et n'être pas cependant un mariage public dans le sens de la loi ; c'est ici un second degré de clandestinité qui résulte de l'omission de quelqu'une des formalités concourant, soit à la publicité de fait, soit à la publicité légale, et plus ou moins grave selon l'importance de la formalité omise : nous avons à nous demander quel sera le sort d'un pareil mariage.

Les articles 161 et 195 prescrivent, comme règle fondamentale de la célébration, la publicité. M. Portalis songeait à la sanction de cette loi par ces paroles : « La plus grave des nullités est celle qui dérive de ce que le mariage n'a pas été célébré publiquement. » Toutefois, aucun article ne définit en quoi consiste soit la publicité, soit la non-publicité. C'est là, on le conçoit, un fait essentiellement complexe dont les éléments ont été déterminés par les règles établies successivement sur les publications, sur la compétence de l'officier civil, sur les formes de la célébration, mais qui a néanmoins une physionomie mobile et successive ; de telle sorte qu'il est vrai de dire que la publicité morale qu'exige la loi n'est pas essentiellement liée à tel ou tel des moyens indiqués pour l'obtenir, et, à l'inverse, que la non-publicité ne résultera pas nécessairement alors de l'omission d'un ou plusieurs de ces moyens déterminés ; tel mariage célébré ailleurs que dans la maison commune, avec deux témoins seulement ou une seule publication, ou même sans que le public ait été admis, pourra être en lui-même aussi public, c'est-à-dire aussi notoire que celui qui aura été célébré avec toutes les conditions voulues. Voilà pourquoi la nullité ne pouvait résulter invariablement de l'omission de l'une des formes prescrites, mais seulement de l'absence complète de publicité. C'est ce que fait entendre l'article 193 quand il édicte une simple pénalité pécuniaire pour l'omission d'une formalité qui n'aura pas donné lieu à nullité, parce que le mariage aura eu néanmoins une notoriété jugée suffisante par les magistrats.

Si, au contraire, le juge voit dans l'omission d'une des formes essentielles une atteinte profonde à la publicité légale, il peut, en se fondant sur l'article 191, prononcer la nullité du mariage. Ainsi, en résumé, la publicité, quoique jugée substantielle par cet article, pourra cependant n'être pas jugée suffisamment atteinte pour motiver la nullité; et il est tel cas où un mariage entaché de clandestinité partielle sera néanmoins valable. C'est à la sagesse des tribunaux qu'il appartient de trancher cette question délicate et nécessairement subordonnée aux circonstances. Heureux arbitraire qui, par une sage interprétation de la loi, adoucit la rigueur de la lettre par les tempéraments de l'équité, et qui, sévère contre la fraude, est bienveillant envers l'imprudence!

Ce pouvoir discrétionnaire des tribunaux a été proclamé lors de la rédaction des articles que nous examinons, par le tribun Boutteville, quand il disait : « S'il s'agit d'un mariage qui n'aurait pas été contracté avec la publicité voulue par la loi, le législateur semble laisser à la prudence du magistrat de peser ce que l'intérêt des mœurs et la paix des familles pourraient exiger de son ministère. »

Dans toutes les questions de nullité de mariage, c'est d'ailleurs à cette donnée fondamentale que la jurisprudence s'est constamment attachée.

Il ne faut pas confondre les mariages clandestins, dont nous venons de parler, avec les mariages secrets, c'est-à-dire ceux qui ont été célébrés selon les formes voulues, mais dont la connaissance a été concentrée avec soin dans le petit nombre de témoins nécessaires à leur célébration, et a été attentivement dérobée aux regards du public.

Ainsi, que deux familles de Strasbourg partent ensemble sous le prétexte d'aller faire un long voyage d'agrément, et qu'elles aillent se fixer dans une petite commune de Bretagne; que là, après six mois de résidence, un mariage soit célébré entre les deux familles, et qu'elles retournent ensuite à Strasbourg, où la nouvelle épouse continuera de se présenter sous son nom de fille; il est clair que dans cette ville le public n'aura aucune connaissance de ce mariage que les deux familles veulent tenir secret. Toutefois, il ne saurait être assimilé aux mariages que nous avons appelés clandestins. Pour les premiers de ces mariages, il n'y a pas de lien légal : pour les seconds, il y a un engagement valablement formé.

L'ancienne législation elle même faisait entre eux une distinction ; et tandis qu'elle annulait les mariages clandestins, elle laissait subsister quant au lien naturel et religieux les mariages secrets : seulement elle privait des effets civils (1) ces unions que les parties ont tenues cachées pendant leur vie, et qui à ses yeux ressentaient plutôt la honte d'un concubinage que la dignité d'un mariage.

Le silence de la loi de 1792 sur les mariages secrets, les fit regarder comme valables pourvu qu'ils eusent été accomplis avec les formalités qu'elle prescrivait. Les législateurs du code se sont formellement expliqués à cet égard, et ont attribué tous les effets civils aux mariages autrefois appelés secrets, en se fondant sur ce que les formes de la nouvelle loi, dès lors qu'elles sont observées, sont peu compatibles avec ce secret absolu que l'ancienne loi avait jugé digne de sa défaveur, et enfin sur ce que la liberté des mariages n'ayant plus à lutter contre la plupart des préjugés qui la gênaient, les citoyens sont sans intérêt à cacher à l'opinion un mariage qu'ils ne cherchent pas à dérober aux regards de la loi. Toutefois la validité de ces mariages n'empêcherait pas le tiers avec qui un époux aurait passé un contrat que ce mariage ignoré rendrait désavantageux, de s'opposer à la réalisation des effets pécuniaires de ce mariage ; car l'ignorance dans laquelle se trouvait le tiers est un fait imputable aux deux époux, et l'on est toujours responsable des dommages que l'on cause par sa faute (1382) (2).

Quelques coutumes de l'ancienne France ne regardaient le mariage comme réel que lorsqu'il avait été consommé par l'introduction de la femme dans le lit nuptial ; et l'on connaît cet adage suivant lequel : « Au mal coucher la femme perdait son douaire ; » mais le droit commun a constamment repoussé ces étranges distinctions, produit bizarre d'une demi-civilisation, et admis avec le droit romain la maxime plus morale : « Nuptias non concubitus, sed consensus facit. » Ainsi par le consentement, revêtu des formes que nous avons énumérées, le mariage est parfait devant la loi de l'état, et

(1) Declarat. de L., 13, 1639.

(2) Un arrêt de la Cour royale d'Agen a été rendu dans ce sens, le 8 novembre 1832.

fait porter sur ceux qui l'ont contracté les droits et les devoirs qui s'attachent à la qualité d'époux.

Mais les époux de la loi ne sont pas encore ceux de la religion : dans le silence du code sur ce complément du mariage par la célébration religieuse, les mœurs publiques sont heureusement là pour l'attester !

SECTION SECONDE.

DES MARIAGES CÉLÉBRÉS A L'ÉTRANGER (1).

« La Terre, disait Portalis, a été donnée en partage aux enfants des hommes; un citoyen peut se transporter partout, et partout il peut exercer les droits attachés à la qualité d'homme. Dans le nombre de ces droits est incontestablement la faculté de contracter mariage. Cette faculté n'est pas locale; elle ne saurait être circonscrite par le territoire, elle est pour ainsi dire universelle comme la nature, qui n'est absente nulle part; la loi ne devait donc pas refuser aux Français le droit de contracter mariage en pays étranger, ni dè s'unir à une personne étrangère.

Ces vérités simples et incontestables sont la base des dispositions du code sur les mariages des Français en pays étranger. Nous aurons à examiner seulement quels sont les ministres compétents pour la célébration de ces mariages; en second lieu, nous verrons les moyens de publicité organisés pour eux ; la forme même de ces mariages étant subordonnée aux usages des lieux où ils sont célébrés, nous n'avons pas à nous en occuper.

CHAPITRE Iᵉʳ.

Compétence.

L'ancienne législation, voyant dans les mariages à l'étranger une intention de frauder la loi française, défendit de se marier en pays étranger sans la permission du roi, « à peine, dit l'édit de 1685, d'être déclaré atteint et convaincu d'infidé-

---

(1) *Code Napoléon*, art. 47, 48, 170-171.

lité envers nous et l'Etat, et puni de confiscation de corps et de biens. » La rigueur excessive de cette ordonnance la fit tomber en désuétude ; mais elle fut remplacée par l'ordonnance de 1697, qui, prescrivit pour la validité du mariage contracté à l'étranger, la présence ou tout au moins le consentement du curé de l'époux français : sans cette condition le mariage était nul, quelque part qu'il fût célébré, car l'édit était considéré comme un statut personnel qui suivait les Français en quelque lieu qu'ils habitassent. La loi de 1792, malgré son silence sur ces mariages, parut les autoriser par les principes généraux qu'elle remit en vigueur au sujet des actes régis par la loi du lieu où ils ont été passés.

Cette maxime, *Locus regit actum*, fit valider plusieurs mariages contractés à cette époque selon les formes des pays où se trouvaient les contractants. Elle servit également de base pour annuler d'autres unions pour lesquelles on avait négligé de se conformer aux usages des lieux.

C'est sous l'influence de ces idées que furent rédigés les articles 47 et 48 du code, dont le premier proclame le principe de la puissance des lois étrangères sur les actes qui sont passés sous leur empire, et le second admet une exception en faveur du Français seulement, en autorisant les agents diplomatiques ou commerciaux à remplir en leur faveur les fonctions d'officier de l'état civil. Il résulte, comme on le voit, de ces articles que les Français peuvent se marier en pays étranger soit entre eux, soit avec des étrangers, en observant seulement certaines règles dont ils posent les bases.

Toutefois la législation de ces mariages doit être complétée par les articles 170, 171, qui semblent soumettre à quatre conditions les mariages des étrangers en France, et exiger : 1° que le Français ait observé les conditions requises pour tout mariage ; 2° que le mariage ait été célébré dans les formes usitées dans le pays ; 3° qu'il ait été précédé des publications en France ; 4° que l'acte de mariage ait été transcrit sur les registres de l'état civil, dans les trois mois après le retour du Français en France. Ce qui ressort de la combinaison des divers articles que nous venons d'analyser, c'est l'hommage rendu au principe fondamental de toutes les législations modernes : *locus regit actum;* c'est par respect pour ce principe que le code français a déclaré valables les mariages faits à l'étranger ; et l'on conçoit que ce motif s'appliquait à tous les mariages, quelle que fût la qualité des deux individus qui s'uniraient, qu'ils eussent l'un et l'autre la qualité de Français, ou que l'un d'eux fût Français et l'autre étranger. Mais quant à la compétence des officiers publics chargés de recevoir les actes de mariage ou autres à l'étranger, une distinction est à faire selon que ces actes concernent des Français entre eux, ou des Français avec des étrangers; dans ce dernier cas, la loi française ne se reconnaît pas le droit d'exercer son autorité sur des actes auxquels interviennent des étrangers dans leur propre pays; elle ne prépose donc point d'agent à la réception de pareils actes, et s'en réfère à la compétence des agents étrangers; mais pour les actes de l'état civil de Français, pour les mariages par conséquent célébrés entre Français, quoiqu'à l'étranger, la loi française se reconnaît le droit d'organiser la compétence de l'officier public qu'elle prépose à les recevoir; et ces officiers sont les agents diplomatiques et consulaires français (art 48). C'est qu'ici il n'est plus question d'étrangers, mais de Français seulement, et des actes qui les concernent seuls et qui leur sont propres. On conçoit que la loi française s'en occupe et les régisse, quoique la règle *locus regit actum* ne permette pas qu'en pareil cas cette compétence de la loi française soit exclusive de celle de la loi étrangère. En effet, la loi française, comme statut personnel, suit les Français dans tous les lieux où ils résident; elle a donc le droit d'exercer son influence protectrice ou gouvernementale sur leurs personnes et sur les actes qui tiennent à leur état personnel et social. Voilà pourquoi le principe *locus regit actum* doit se combiner ici avec la règle présente pour laisser intacts en matière d'actes de Français, l'empire des lois personnelles françaises et la juridiction des mandataires de l'autorité française. Mais, par une conséquence naturelle, la compétence de ces fonctionnaires français à l'étranger ne s'applique qu'aux mariages célébrés entre Français, et s'arrête devant les mariages célébrés entre Français, et étrangers : serait donc nul un tel mariage reçu par un agent français, comme célébré par un ministre incompétent, et par des lois qui, n'ayant aucun empire sur la personne étrangère, n'ont pu former de lien entre elle et le Français.

C'est ce qu'un arrêt du 18 août 1819 (1) reconnaît en ces termes : « Attendu que si les agents diplomatiques ou les consuls ont été autorisés à recevoir les actes de l'état civil des

(1) Dalloz, t. 10, 77 et 78, n° 6.

Français en pays étrangers, conformément aux lois françaises, il résulte clairement et de l'esprit des choses et du texte de la loi, qu'il ne s'agit ici que des Français uniquement, nos lois et nos agents n'ayant de pouvoir que sur les nationaux. »

Cette opinion a rencontré des contradicteurs : M. Vazeille, se fondant sur ce qu'un mariage contracté en France entre un Français et un étranger, et reçu par nos officiers civils, est aussi valable que s'il était formé entre deux Français, s'est demandé pourquoi un ministre français ne pourrait pas de même célébrer à l'étranger un mariage entre un Français et un étranger.

M. Vazeille semble ne pas voir que ce n'est pas seulement sur la compétence de l'officier public que repose la validité d'un mariage contracté en France, entre un Français et une étrangère ; que c'est aussi sur la puissance qu'ont les lois du lieu sur les actes qui y sont passés. L'étranger qui réside en France et qui y contracte, est par cela même soumis aux lois du royaume : car si, pour le Français qui se marie à l'étranger, *locus regit actum*, il est d'une juste réciprocité que cette règle s'applique aussi aux étrangers qui se marient en France. Cette validité du mariage de l'étranger en France découle au reste du code Napoléon, dont l'article 3 veut que les lois de police obligent tous ceux qui habitent le territoire : or, parmi les lois de police, ne faut-il pas comprendre une loi d'ordre public telle que le mariage ? Ce sont ces considérations qui firent regarder, au conseil d'Etat, comme inutile, une disposition plus spéciale sur le mariage des étrangers en France.

Ainsi donc, tandis qu'une disposition formelle autorise la célébration par le ministre français du mariage que l'étranger contracte en France avec un Français, à l'inverse, une disposition non moins formelle dénie la compétence de l'agent français pour célébrer le mariage que contracte à l'étranger un Français avec une étrangère. Cette dénégation résulte des termes restrictifs de l'article 48, qui, établissant la compétence de l'agent français à l'étranger, ne l'applique qu'aux seuls Français, les seuls sur lesquels il ait autorité. Si cet agent mariait un Français avec une étrangère, les autorités du lieu ne seraient-elles pas fondées à signaler ce fait comme l'usurpation d'un droit arbitraire, et un empiétement sur l'autorité des nationaux ?

Donc, en résumé, parallèlement au principe *locus regit actum*, qui permet au Français en pays étranger, de faire rédiger tout acte d'état civil le concernant dans les formes établies par les lois de ce pays, que cet acte lui soit commun avec un autre Français ou avec un étranger, il faut appliquer la règle de l'article 48 du code, qui lui donne aussi le droit de faire dresser l'acte par les agents français dans les formes voulues par les lois françaises, mais seulement lorsque cet acte ne concerne que des Français : dès lors, tout mariage d'un Français à l'étranger est valable, quelle que soit la personne à laquelle il s'unisse, s'il a été célébré dans les formes usitées dans le pays; mais ce sont seulement les mariages entre Français que les agents diplomatiques ou consulaires de France peuvent célébrer dans un pays étranger; et tandis que deux Français pourraient s'y marier ensemble, soit devant les officiers publics étrangers, soit devant les agents diplomatiques français, un Français et un étranger ne pourront le faire que devant l'officier public du lieu où ils résident.

CHAPITRE II.

Publicité.

En autorisant à l'étranger les deux modes de mariage dont nous venons de parler, la loi ne devait pas négliger les formalités nécessaires pour leur publicité en France ; elle devait en outre, suivant ses nationaux sur la terre étrangère, leur prescrire à eux aussi l'observation des règles importantes qu'elle avait établies sur l'état et les capacités civiles des contractants : de là les deux ordres de dispositions contenues dans les articles 170, 171 du code Napoléon.

En ce qui touche la forme même de ces mariages, nous n'avons pas à nous en occuper, puisqu'elle est subordonnée aux usages des pays où ils sont célébrés; nous arrivons donc immédiatement aux moyens de publicité que la loi a cru devoir prescrire pour ces sortes d'unions ; elle consiste en deux formalités distinctes : 1º des publications en France; 2º l'obligation de transcrire dans les trois mois du retour du Français dans sa patrie, sur le registre public des mariages au lieu de son domicile, l'acte de célébration fait à l'étranger.

Ces publications en France sont fort importantes, puisqu'elles sont presque le seul moyen de publicité possible pour un mariage fait en pays étranger, et qu'elles suppléent même à la condition d'une résidence de six mois exigée pour les mariages en France, résidence inutile dans ce cas, puisqu'elle n'atteindrait pas son but, qui est de faire connaître davantage dans leur pays les contractants. Il va sans dire que des publications faites en pays étranger n'auraient pas le même résultat, puisque c'est en France et non à l'étranger qu'il s'agit de faire connaître le projet d'union. Nous ne pourrions pas d'ailleurs en exiger l'accomplissement des officiers publics étrangers. Elles doivent être faites dans tous les lieux où elles le seraient si le mariage était célébré en France : car l'article 170 renvoie implicitement aux règles des publications en France. Il est d'ailleurs évident qu'on ne saurait, sans inconséquence, donner moins de publicité au mariage célébré hors de France qu'au mariage célébré en France.

Les publications ne sont exigées que pour empêcher les Français d'aller, tout exprès et clandestinement, se marier en pays étranger ; cette crainte n'existe point à l'égard des Français qui y sont établis : certains auteurs en concluent que les publications ne sont pas nécessaires en France, les uns lorsqu'il y aura une résidence de six mois à l'étranger, les autres lorsque le Français n'a plus en France d'habitation, plusieurs lorsqu'il n'a conservé aucun domicile en France : cependant la loi est formelle. Alors même qu'il s'agit de Français établis depuis longtemps en pays étranger, elle ne semble pas pour cela dispenser des publications en France, à moins toutefois que l'absence de tout domicile connu en France en enlève les moyens d'exécution.

Mais quelle est la sanction de cet article 170 ? et le mariage contracté en pays étranger par un Français devra-t-il être annulé dans le cas où ce Français aurait contrevenu à l'une ou à l'autre des dispositions de cet article :

Les causes qui devraient faire annuler le mariage en France le feront *à fortiori* déclarer nul, s'il a été célébré en pays étranger : mais certaines omissions qui ne suffiraient point en France pour en motiver la nullité, telles que le défaut d'actes respectueux, ou de publications, ne deviendront-elles pas à l'étranger des causes de nullité, de telle sorte que des empêchements simplement prohibitifs dans un cas deviendraient dans l'autre des empêchements dirimants ?

Trois opinions sont en présence :

La première prononce dans tous les cas la nullité du mariage célébré en pays étranger, lorsqu'il n'a pas été précédé de publications en France, ou lorsqu'il a été contrevenu à l'une des dispositions auxquelles renvoie l'article 170. Si le texte de cet article dit que le mariage sera valable *pourvu* qu'il ait été précédé de publications, ne faut-il pas en conclure qu'il sera nul dans le cas contraire? Les publications étant le seul moyen de publicité, et leur omission ne pouvant être réprimée par une amende infligée, comme cela se peut en France, à l'officier public étranger, cette formalité fort importante se trouverait dépourvue de sanction, si elle n'était prescrite sous peine de nullité.

Que l'on ne dise pas que cette nullité n'est pas mentionnée dans la loi ; car nous y voyons la nullité du mariage pour défaut de publicité : or un mariage célébré à l'étranger sans publications en France manque absolument de publicité : donc l'article 191 est applicable à ce cas. Il faut en dire autant du défaut d'actes respectueux, dont l'article 170 a voulu prévenir la fréquente omission, en exigeant d'une manière générale l'accomplissement de toutes les formalités prescrites en France, avec cette différence que l'inobservation de celles qui n'y sont pas exigées à peine de nullité, entraîne à l'étranger ce résultat sans lequel leur accomplissement ou leur omission dépendrait entièrement du caprice des contractants et échapperait à toute répression (1).

Cette interprétation de l'article 170 paraîtrait au premier abord la seule ressource contre tant de fraudes, dont la plus fréquente est d'aller tout exprès contracter mariage en pays étranger pour éluder la loi française : comment atteindre sans cela ces mariages que des enfants de famille à peine majeurs iraient célébrer de l'autre côté de la frontière, pour éviter les publications, les actes respectueux, les oppositions et toutes ces formalités enfin qui auraient pu faire manquer leur mariage en France ?

D'un autre côté, comment admettre qu'un mariage fait à l'étranger dans ces conditions irrégulières soit toujours frappé de la même nullité, sans distinguer s'il a été contracté de bonne ou de mauvaise foi ?

Ce sont les conséquences quelquefois excessives de cette

(1) Delvincourt, t. 1, p. 68.

première opinion qui ont déterminé beaucoup de bons esprits à adopter la seconde, d'après laquelle il ne faut prononcer en aucun cas la nullité du mariage célébré à l'étranger, soit pour défaut de publications, soit pour défaut d'actes respectueux. Selon cette opinion, l'article 170 déroge, du moins en ce qui concerne les publications, à la règle *locus regit actum :* quelque motivée que soit cette disposition, elle n'est cependant qu'une exception, et doit, dès-lors, être entendue d'une manière restrctive. Comment dès-lors fonder une chose aussi grave qu'une nullité sur un argument *a contrario,* qui ne peut s'induire que du silence de l'art. 170, en cas d'inaccomplissement des formalités qu'il prescrit ? Si cet article se ré·fère aux dispositions générales au sujet du mariage (144-164), il veut dire seulement que les dispositions concernant la capacité et l'état des personnes (art. 3), aussi bien pour le mariage que pour les autres actes, régissent les Français, même résidant en pays étranger : mais il ne prétend pas aggraver les conditions et les exigences des lois personnelles dans leur application aux Français résidant à l'étranger; et il en serait de la sorte, si ce qui n'est pas prescrit en France sous peine de nullité, l'était en pays étranger sous cette condition. L'art. 48 prouve bien qu'il suffit alors que le mariage soit célébré conformément aux lois françaises : et par quelle cause le même mariage qui, célébré en France, serait valable, deviendrait-il nul pour avoir été célébré en pays étranger ? La faculté de se marier à l'étranger entraînera toujours certains abus inévitables ; mais une loi sage ne peut déclarer nuls de tels mariages, quand il ne s'y rencontre aucune cause de nullité véritable : elle ne peut que prescrire, comme elle l'a fait dans l'art. 170, des dispositions réglementaires, mais non pas irritantes, qui trouvent, d'ailleurs, une sanction, soit dans l'amende infligée, non à l'officier public étranger que la loi française ne peut pas atteindre, mais aux parties pour défaut de publications (art. 192), soit dans le soin que mettent les officiers publics de chaque pays à s'enquérir des conditions personnelles exigées par la loi nationale de l'étranger qui veut se marier (1).

Enfin, s'il fallait admettre la nullité des mariages faits à l'étranger pour défaut de publications en France, il y aurait lieu, en tout cas, de restreindre cette nullité aux mariages

____

(1) Vazeille, t. 1, n° 158. — Zachariæ, t. 3, p. 312.

célébrés devant l'officier public du pays : alors, que deviendra l'art. 170, si le mariage est contracté devant l'agent diplomatique français, et conformément aux lois françaises, en vertu de l'art. 48 ? Il est hors de doute que la prétendue nullité de l'art. 170 ne saurait s'appliquer à ce cas, puisqu'un tel mariage est censé se célébrer en France, et que dès-lors le mariage, même sans les publications préalables, serait valable. Mais comment se pourrait-il que deux situations identiques amenassent une solution si contradictoire ? n'est-ce pas là une inconséquence que peut seule prévenir la seconde interprétation ?

Voilà certainement des arguments puissants; mais le malheur de cette seconde opinion, c'est d'être, ainsi que la première, trop absolue, et d'entraîner aussi à des applications regrettables, puisqu'elle laisse la loi désarmée contre toutes les fraudes qui se traduisent par un mariage à l'étranger, c'est-à dire sans contrôle ni sanction. N'est-ce pas cette pensée qui a semblé préoccuper le législateur, lorsqu'il a rappelé, dans l'art. 170, les dispositions du chapitre I du titre du mariage, relatives au consentement des ascendants et aux actes respectueux? et si jamais le mariage à l'étranger ne sera nul pour omission de ces formalités, il n'avait que faire de le rappeler ici. Il faut donc trouver une opinion intermédiaire entre ce double écueil d'une trop grande rigueur, qui ressort de la première opinion, et d'une trop grande faiblesse qui ressort de la seconde. C'est de là qu'est venu le troisième système, celui de la nullité ou de la validité facultative, et laissée à l'appréciation des tribunaux, selon les circonstances qui ont ou accompagné ou suivi la célébration du mariage à l'étranger.

La jurisprudence, placée en présence d'espèces dignes d'intérêt, a reconnu qu'un mariage à l'étranger, bien qu'il fût entaché d'une contravention à l'article 170, pouvait néanmoins, soit par les circonstances qui l'ont accompagné, soit par les événements qui l'ont suivi, tels que la possession d'état d'époux, le consentement des ascendants, la naissance d'enfants, avoir acquis une sorte de valeur morale à laquelle il serait fâcheux de ne pas attacher la validité légale dans l'intérêt des époux, de la famille et de la société. Mais elle a reconnu en même temps que la violation des règles sur la publicité, le consentement des ascendants, avait dans certains cas une telle gravité, qu'un mariage ainsi entaché ne devait pas subsister aux yeux de la loi. De là la transaction entre les systèmes de la nullité absolue et de la validité absolue. Mais sur quoi l'appuyer ?

Nous avons déjà, à propos de l'article 193, émis la théorie des nullités facultatives ; mais, il faut le reconnaître, les articles qui s'occupent des nullités des mariages en France, ne peuvent être invoqués lorsqu'il s'agit de réglementer ou d'invalider les mariages à l'étranger ; c'est dans l'art. 170 tout seul qu'il faut chercher l'économie de la loi à cet égard. Eh bien, cet article 170, en se bornant à déclarer valable le mariage conforme à ses prescriptions, ne témoigne-t-il pas de la part de ses auteurs l'intention de ne se pas prononcer nécessairement sur le mariage qui n'y serait pas conforme ; de ne le déclarer nécessairement ni nul, ni valable, et de s'en remettre sur ce point à l'appréciation des magistrats ? Tirer *à priori* de la rédaction de l'article 170 une pareille induction, ce n'est assurément pas formuler une théorie trop hardie. Mais pour qu'elle ait toute la consistance désirable, il nous faut quelque chose de plus ; cherchons-lui donc quelque autre base légale plus solide ; eh bien, un raisonnement fort simple nous la fournit, c'est celui-ci : ce que le texte de l'art. 193 nous refuse, une analogie entre la situation des mariages à l'étranger et celle des mariages en France, entre cet article 193 et l'article 190, nous le donne.

Si, aux termes de l'article 193, les magistrats ont un pouvoir discrétionnaire pour apprécier le défaut de publicité de la célébration du mariage, et pour le déclarer nul suivant les cas et les faits, c'est afin d'assurer la publicité du mariage contracté en France ; or, quel autre but se propose l'art. 170 ? Point, que nous sachions.

Il prétend lui aussi, et par dessus tout, assurer en France la publicité du mariage célébré en pays étranger ; et voilà pourquoi il exige, comme pour le mariage en France, les publications : donc, si la situation est la même, si le but est le même dans les deux cas, pourquoi ne pas accorder aussi aux magistrats, dans ce cas du mariage à l'étranger, ce pouvoir d'appréciation discrétionnaire qui leur appartient toutes les fois qu'il s'agit de décider une question de publicité de célébration de mariage ? L'examen des faits, voilà, dans un cas comme dans l'autre, la base rationnelle de l'appréciation qui aura pour résultat soit de déclarer nul, soit de valider le mariage entaché d'infraction à l'article 170. L'infraction d'ailleurs peut être plus ou moins grave : ou bien il y aura eu défaut de publications, ou seulement d'actes respectueux; ou bien ces deux conditions auront été à la fois méconnues... Les circonstances du mariage seront de nature, au reste, à faire peser pour ainsi dire quel degré de valeur il peut avoir. Est-il raisonnable ou extravagant? aurait-il eu lieu en France? aurait-on osé le contracter? aurait-on tenté de lutter publiquement contre l'opinion d'un père qui le désapprouve? quel âge ont les époux? ont-ils été tout exprès en pays étranger pour échapper à un empêchement prohibitif? On conçoit que, selon ces diverses conjonctures, le défaut de publicité est plus ou moins grave et entache le mariage d'une plus ou moins grande clandestinité. Il est très-simple dès-lors que le juge apprécie ces circonstances et en fasse dépendre la solution qu'on lui demande, celle de savoir si le mariage a été suffisamment public pour que le but de la loi soit atteint. De même pour les faits postérieurs au mariage, la possession d'état des époux, le consentement des parents, la naissance des enfants, les magistrats appréciateurs de la situation tout entière, des faits nouveaux comme des faits anciens, ne les diviseront pas; et aux demandes de nullité intentées ils opposeront, en se fondant sur l'analogie de l'article 193, que le vice de clandestinité, que l'on voudrait faire ressortir de l'omission d'une formalité quelconque proscrite par l'article 170, n'existe pas en réalité! Et rien n'est à la fois plus logique et plus légitime! Car n'est-il pas vrai qu'un fait peut changer de gravité et de caractère par suite d'autres faits postérieurs qui viennent ensuite s'y ajouter?

Ajoutons en terminant que cette solution à la difficulté soulevée par l'article 170 a reçu la consécration d'arrêts très-nombreux, en même temps qu'elle est admise par les meilleurs auteurs (1).

La transcription du mariage célébré à l'étranger sur le registre public des mariages de son domicile est imposée au Français dans les trois mois de son retour. Il est juste, en effet, que le Français qui s'est marié ailleurs qu'en France vienne faire hommage à sa patrie du titre qui l'a rendu époux et père, et qu'il naturalise ce titre en le faisant inscrire dans le registre national. Cette prescription purement réglementaire est, au reste, dépourvue de sanction.

____

(1) Félix, des mariages contractés en pays étranger. Valette sur Proudhon.

Ainsi, le mariage doit produire en France tous ses effets civils, lors même que la transcription n'a pas été faite dans le délai fixé par l'article 171, sans distinction entre les effets qui sont le résultat de la publicité du mariage et ceux qui résultent du mariage lui-même, sauf aux tiers à prouver que en fait le défaut de transcription leur aurait causé un préjudice (1382), auquel cas il appartiendra aux tribunaux d'apprécier la mesure du dommage et la réparation qui en devra être la suite.

Il en résulte que, malgré le défaut de transcription, ce mariage fait certainement obstacle à un mariage postérieur, et que la femme a, dans tous les cas, son hypothèque légale, et enfin qu'elle pourrait opposer le défaut d'autorisation contre les engagements par elle contractés.

Rappelons, en terminant cette matière, que la loi du territoire régit en France, comme ailleurs, les contrats qui y sont passés, même entre étrangers. Il s'ensuit que si des étrangers se mariaient en France suivant les formes de leur propre pays, le mariage serait nul. En ce qui touche, au contraire, la capacité des futurs époux, elle doit être appréciée en France comme elle le serait dans leur pays, c'est-à-dire d'après la loi personnelle et nationale de chacun d'eux, en ayant soin d'exiger en outre de l'étranger la preuve qu'il est capable, d'après les lois de son pays, de se marier en pays étranger (1).

En effet, si les deux contractants sont deux étrangers, il importe à la dignité de la France que des mariages irréguliers et vicieux ne soient pas contractés par surprise sous la protection de ses lois. Si un seul des futurs est Français, il est à craindre que dans son ignorance il ne soit trompé par l'étranger, et ne contracte de bonne foi un mariage qui se trouve nul selon les lois du pays de cet étranger. Voilà pourquoi tout mariage d'un étranger en France, qui n'y réside pas depuis six mois, doit être publié dans son pays au lieu de son dernier domicile, et précédé de la justification, par un certificat des autorités de son pays, que le mariage lui est possible. En cas de difficulté dans l'accomplissement de ces mesures, un acte de notoriété peut les remplacer : en cas de contestation, les tribunaux sont appelés à statuer. Enfin, si le statut personnel des étrangers leur est applicable en France, ce n'est qu'autant qu'il n'est pas contraire à nos lois d'ordre public. Ainsi un

(1) Circ. min. du 4 mars 1831.

musulman ne pourrait pas épouser plusieurs femmes devant un officier public français.

L'examen du mariage des étrangers en France va nous amener naturellement à celui du mariage contracté par les étrangers dans leur propre pays ; mais auparavant disons quelques mots du mariage des militaires français.

Le territoire occupé par une armée française est censé français : « Là où est le drapeau de la France, a dit Napoléon, là est la France. » Il suit de là, nécessairement, que le mariage, comme les autres actes de l'état civil, ne peut avoir d'autres formes que celles que la loi française prescrit. C'est une abolition accidentelle ou plutôt c'est encore, dans un sens figuré, une application de la règle : *locus regit actum.*

Le mariage des militaires et employés à la suite des armées est célébré par un officier que la loi désigne. Les publications sont faites en France, au lieu du dernier domicile ; elles sont mises en outre, vingt-cinq jours avant la célébration du mariage, à l'ordre du jour du corps, pour les individus qui seront dans un corps, et à celui de l'armée ou du corps d'armée, pour les officiers sans troupes et pour les employés qui en font partie.

Lorsque les militaires sont sur le territoire de la France, ils restent soumis aux règles communes, et par conséquent ils ne peuvent se marier que par-devant les officiers de l'état civil des communes où ils ont résidé sans interruption pendant six mois ; ou si, toujours errants de garnison en garnison, ils n'ont point une résidence de six mois, ils doivent se marier devant l'officier de l'état civil de la commune où leurs futures épouses ont acquis le domicile fixé par l'article 74 du code Napoléon (1).

Néanmoins les règles exceptionnelles seraient applicables sur le territoire même de la France, si un siége ou tout autre événement de guerre produisait l'impossibilité de communiquer avec les autorités civiles (2).

(1) Avis du conseil d'état approuvé le quatrième jour complém. an XIII
(2) Inst. min. du 24 brum. an XII, art. 1.

APPENDICE.

Après avoir vu dans ses détails la forme du mariage tel que la loi française l'a organisée, il ne sera peut-être pas sans intérêt de jeter un rapide coup d'œil sur les lois des autres peuples, et de mentionner ici à titre de comparaison le caractère fondamental que toutes les législations à peu près ont jugé convenable d'attribuer à la célébration du mariage sans sortir du domaine civil et juridique. Quand on parcourt les codes étrangers sur cette matière, on est frappé de l'idée qui la domine. Presque tous les peuples voient dans l'ensemble du mariage autre chose qu'un simple contrat civil, et ils se gardent bien de l'assimiler aux conventions ordinaires. La forme religieuse leur semble tellement inhérente à la célébration légale de l'union, qu'elle absorbe souvent le côté purement civil, et que la société temporelle ne veut point d'autre garantie de l'intégrité de la célébration, sinon la cérémonie religieuse. Tout au moins la loi civile croit-elle devoir associer à son œuvre humaine la coopération du ministre spirituel. Ainsi, sans parler de l'Espagne et du Portugal, toute l'Italie, l'Autriche, la Bavière, les États de Bade, de Wurtemberg, de Saxe, de Hanovre, de Hesse, le Danemark, la Norvége, la Suède et la Russie imposent, au nom de la loi civile, la célébration religieuse du mariage aux époux qui s'y engagent.

Ce recours à l'élément religieux a une signification que nous ne saurions méconnaître. L'intervention divine dans le mariage semble partout la condition essentielle pour garantir à l'union qui se forme son caractère souverain d'indissolubilité, et la pratique des devoirs qui en résultent. Il faut que cette croyance soit bien puissante, puisque les peuples voisins de la France, réformant sur ce point le code qu'ils nous avaient emprunté, soit qu'ils aient gardé l'unité du culte, soit qu'ils aient admis la diversité des cultes, se sont empressés de confier aux ministres de ces divers cultes la formation du lien conjugal.

Ce n'est pas tout : dans les contrées où l'hérésie est dominante, comme en Angleterre, la forme du mariage est un acte exclusivement religieux qui se passe dans le temple, et où l'autorité civile n'intervient que pour surveiller au point de vue de l'ordre public la sincérité de l'acte religieux, auquel elle va attacher les effets civils.

La législation du Coran est sur ce point d'accord avec les autres ; après que le cadi a dressé le contrat qui règle la dot donnée par le mari à l'épouse (car celle-ci ne reçoit de ses père et mère qu'un trousseau), le mariage est bénit par le prêtre ; et l'époux, pour obtenir la bénédiction du Ciel sur son union, distribue des aumônes et rend la liberté à quelques esclaves.

Dans certains pays où le caractère religieux n'absorbe pas, ce qui est toujours désirable, le côté temporel, la législation fait marcher de front sans les confondre les prescriptions civiles et les rites sacrés : ainsi dans le royaume des Deux-Siciles, d'une part le mariage ne peut être célébré légalement qu'en face de l'Église, suivant les formes prescrites par le concile de Trente ; d'autre part, il doit, outre les publications faites à l'église, être précédé d'une publication affichée à la maison commune du lieu où chacun des futurs époux a son domicile ; les parties présentent au maire de la commune du domicile de la future épouse, toutes les pièces requises pour la célébration, et doivent exprimer devant le magistrat, la promesse de célébrer le mariage en face de l'Eglise. — Sur l'exhibition de cet acte, le curé procède à la célébration de l'union ; les qualités et les conditions requises pour sa validité sont analogues à celles que prescrit le code français, avec cette différence qu'il est énoncé dans la loi des Deux-Siciles, que ces dispositions ne se rapportent qu'aux effets civils, que le législateur laisse intacts les devoirs imposés par la religion, et n'entend y apporter aucun changement ; d'où il suit que dans tous les cas où la loi ecclésiastique établit des conditions plus rigoureuses que la loi civile, les parties, pour arriver à la bénédiction nuptiale qui seule constitue le mariage légal, sont tenues de remplir toutes les prescriptions de l'Eglise.

Après cet examen rapide des législations actuelles sur cette matière, qu'il nous soit permis de poser une simple question :

Le caractère si différent de notre forme civile du mariage est-il meilleur que celui des autres pays de l'Europe ? n'est-il susceptible d'aucune amélioration ? Dans une dernière partie de ce travail, nous allons répondre à cette question.

QUATRIÈME PARTIE.

LÉGISLATION.

En exposant l'état actuel de notre loi française, avons-nous tout dit sur les formes du mariage dans notre pays ? Nous ne le croyons point. En effet, des discussions récentes et passionnées semblent avoir signalé notre mariage civil comme un des points les plus vulnérables de la législation française. Nous ne pouvons, ce semble, rester étranger, dans une étude de ce genre, à ce point de vue d'appréciation si intéressant pour les jurisconsultes comme pour le philosophe : aussi bien il nous semble que pour que l'étude d'une loi soit complète, elle ne doit point se borner à se rendre compte de ce qui est, il faut qu'elle aille au fond des choses, il faut qu'elle ait le courage de se demander si cette loi atteint son but, est en harmonie avec les mœurs, satisfait l'opinion, afin de pouvoir mieux apprécier la justice ou la fausseté des contradictions dont elle est l'objet, et, selon l'une ou l'autre hypothèse, ou la venger d'attaques imméritées, ou appeler les réformes désirables.

C'est ce que nous allons tenter brièvement ; mais auparavant il est nécessaire de compléter l'énoncé des prescriptions de notre loi sur le mariage civil : or nous manquerions à ce complément, si, après avoir exposé ce que cette loi prescrit, nous laissions dans l'ombre ce qu'elle défend au sujet de la célébration du mariage.

Il faut donc ajouter aux articles du code Napoléon que nous avons examinés, les dispositions que contiennent sur cette matière l'art. 54 de la loi du 18 germinal an X, et les articles 199 et 200 du code pénal. Aux termes de ces articles, il est défendu aux ministres des divers cultes, sous peine d'une amende de 16 à 200 fr. pour la première contravention, sous peine d'emprisonnement en cas de récidive, de donner la bénédiction nuptiale aux personnes qui ne justifieraient pas de la célébration de leur mariage devant l'officier de l'état civil ; cette prohibition est un argument de plus à l'appui de cette théorie qui résulte de toute l'économie de la loi en cette matière, à savoir la perfection du lien conjugal par la seule célébration civile. Mais, parallèlement à la validité du mariage, dépendant de l'accomplissement des seules formalités civiles, il faut noter l'antériorité obligatoire de la célébration civile sur la célébration religieuse, dont la loi ne s'occupe que pour en restreindre la pratique à certaines conditions de rang et de temps.

Cette part si restreinte faite par la loi civile au côté religieux du mariage, cette sorte de défiance avec laquelle elle semble même l'envisager, les situations fâcheuses qui, dans le sens des idées catholiques, en sont le résultat inévitable; la contradiction qui sur ce point est flagrante entre les idées et les mœurs d'une part, et la loi de l'autre; voilà le thème fréquent de discussions, ravivées dans ces derniers temps en France par les luttes qu'a naguère soulevées la réforme de la législation du mariage en Piémont.

Aux yeux d'éminents publicistes, à l'opinion desquels une longue pratique des affaires semble donner une incontestable autorité, une législation qui, à côté de la forme civile du mariage, ne fait aucune part à la forme religieuse, et laisse entièrement dans l'ombre l'intervention divine, au sein d'une société dont tous les cultes reconnaissent le mariage comme une institution de droit naturel et divin avant d'appartenir au droit civil, une telle législation ne peut pas être bonne, parce qu'elle se met en contradiction avec la vérité des choses et les instincts des peuples; elle est dès lors marquée au front d'une tache fatale qui fait qu'elle ne saurait subsister sans détriment pour la société tout entière.

Selon une autre opinion, les conditions nouvelles qu'ont faites les révolutions à nos idées et à nos mœurs rendent impossible à la loi civile toute manière d'envisager le mariage autrement que par son côté humain; une réforme dans le sens des idées religieuses en cette matière serait un anachronisme, et produirait un résultat funeste au lieu du bien que l'on en attend.

Notre tâche consistera à rapporter impartialement les arguments très-puissants par lesquels l'un et l'autre de ces systèmes peut se défendre, sans dissimuler les exagérations dont ni l'un ni l'autre ne nous paraissent exempts; et s'il nous est permis, après cet examen, de dire ce que nous pensons de notre législation sur le mariage, nous le ferons avec la seule pensée d'amener en cette matière la conciliation désirable et possible, à notre avis, entre les droits imprescriptibles de la loi civile, et les exigences non moins sacrées de la conscience.

Tout le monde sait, disent les partisans d'un retour à la célébration religieuse obligatoire au point de vue civil, que l'institution légale du mariage en France a été radicalement changée par le système du code Napoléon : d'acte exclusivement religieux qu'il a été dans tous les temps et dans tous les pays, il est devenu, aux yeux de la loi française, un acte exclusivement civil. Jusqu'à la Révolution, l'Eglise seule consacrait le mariage ; le prêtre nouait et dénouait, devant la loi comme devant Dieu, ces liens fragiles, dont le faisceau n'est autre que le lien social lui-même. Aujourd'hui l'extrême opposé a prévalu : l'officier de l'état civil remplace absolument le ministre du culte ; l'Etat seul ratifie les unions conjugales, et le mariage, aux yeux de la loi, n'a réellement pas plus de caractère religieux que tout autre contrat de vente ou de louage. Mais que le législateur ait changé d'avis sur la question du mariage légal, cela ne fait pas que le mariage en lui-même ait changé de nature.

Or, antérieurement à la définition légale, il sera toujours vrai de dire que le mariage est d'institution divine et de nécessité sociale. En effet, l'union des sexes n'est pas fondée seulement sur l'instinct, ni même sur le consentement raisonnable des contractants. Sous peine d'être un désordre social, elle implique avec elle l'idée d'un lien indissoluble : et comment le contrat qui l'a produit sera-t-il revêtu de l'indissolubilité qui doit le distinguer des autres contrats, sans l'intervention divine ? Voilà pourquoi, selon la doctrine catholique, le mariage n'existe qu'autant qu'il y a sacrement, et il n'y a sacrement que lorsqu'est intervenu le consentement et l'autorité de l'Eglise.

Vouloir établir une distinction entre le contrat et le sacrement, c'est là une thèse issue de la prétention qu'eut l'hérésie de supprimer plusieurs sacrements de l'Eglise, parmi lesquels figurait le mariage. Comme on ne pouvait supprimer le mariage absolument, il fallut en faire un contrat ordinaire ; mais cette distinction, si elle est possible en théorie, ne peut avoir d'existence pratique, parce que, selon la doctrine de l'Eglise, tout contrat tendant à former la société conjugale, est invalide et illicite, par cela seul qu'on a omis de remplir les conditions requises pour le sacrement. Il en résulte qu'aux yeux de l'Eglise, ce n'est pas seulement alors le sacrement qui est nul, c'est encore le contrat qui lui sert de base, puisqu'il manque de la qualité sacramentelle qui seule peut le faire valoir comme contrat.

Une fois ce point admis, que dans le mariage il n'y a pas de contrat sans le sacrement, comme en outre il n'y a pas de sacrement sans l'intervention de l'Eglise par ses ministres, il s'ensuit que le mariage est essentiellement, de sa nature, au nombre des choses saintes; qu'il doit être réglé, quant à sa partie essentielle, par l'autorité spirituelle, sauf au pouvoir séculier à déterminer de son côté ses effets civils: qu'enfin, il n'est parfait, pour les chrétiens, qu'après la célébration religieuse.

Quelque accueil que l'on fasse, ajoutent les partisans de cette opinion, à la doctrine catholique sur le mariage, cette doctrine est un fait; or, comme tel, il n'y a pas de milieu entre ces deux partis : ou l'accepter et en tenir compte, ou le mettre de côté. Mais on ne peut pas le modifier à son gré : si on en fait abstraction, au moins il ne faut pas, comme le fait le code pénal, se souvenir après coup qu'il existe, et n'en tenir compte que lorsqu'il s'agit de le punir; au contraire, si on l'accepte, il faut l'accepter tout entier, sans le dénaturer.

Que le pouvoir civil garantisse aux citoyens les droits civils et les conditions auxquelles les qualités civiles peuvent être reconnues, c'est son droit: mais dans l'état des choses créé par la liberté moderne, il doit le faire en se conformant aux réalités préexistantes, mais non point en s'attachant à des fictions mensongères comme celles qui consistent à supposer existant un mariage qui est nul d'après la loi religieuse. Nous avons parlé de la liberté de conscience; c'est en son nom, et non pas, ainsi qu'on nous en accuse, au nom de l'oppression religieuse, que nous demandons, ajoute-t-on, l'intervention religieuse obligatoire dans le mariage. En effet, la liberté de conscience, c'est le droit qu'a tout citoyen et tout homme de satisfaire pleinement aux obligations que sa conscience lui impose, sans que les lois civiles y mettent aucun empêchement, sans qu'elles lui fassent subir pour cela aucune peine ou châtiment. C'est de plus le droit qu'il a d'être protégé par les lois contre ceux qui l'empêcheraient injustement d'agir selon sa conscience. Il s'ensuit que la liberté de conscience peut être invoquée dans l'intérêt des obligations de la conscience, et lorsqu'il s'agit de faciliter leur accomplissement et non point dans l'intérêt de ceux qui n'en reconnaissent aucune. Celui qui ne se croit pas astreint au mariage religieux, on peut le contraindre à faire ce qu'il ne se croit pas imposé, sans violenter sa liberté de conscience, puisque sa conscience ne réclame rien. La violence qu'on lui ferait à cet égard ne serait tout au plus vexatoire pour lui qu'autant que cette mesure ne serait pas nécessaire dans l'intérêt du droit d'autrui ; mais, en supposant même cette hypothèse la moins favorable, la contrainte dont nous parlons ne pourra jamais être appelée une violation de la liberté de conscience, parce que pour qu'elle ait lieu il faut contraindre un homme à faire ce qu'il regarde comme illicite, et non pas seulement ce qu'il regarde comme inutile. Ainsi, sous une législation qui a pour point de départ la liberté religieuse, créer dans la loi civile l'obligation du mariage religieux, cela peut tout au plus gêner l'antipathie religieuse, ou l'on veut encore la liberté individuelle de celui qui ne le croit pas nécessaire ; c'est seulement assurer au conjoint qui croit le mariage inexistant sans le sacrement, le libre accomplissement d'une obligation de conscience imposée à peu près par toutes les religions, qui est à ses yeux un devoir sacré et qu'il ne pourrait facilement accomplir sans la protection de la loi. Une prescription de ce genre n'est donc là qu'une déduction logique du respect que la législation civile, sous un régime comme celui de notre époque, doit avoir à cœur de professer pour la liberté de conscience entendue dans son véritable sens.

Dans un pays qui protége toutes les religions, disait M. de Malleville au conseil d'état lors de la rédaction du titre sur cette matière, la loi ne peut considérer le mariage qu'au point de vue civil et abstraction faite des croyances religieuses. La conséquence rigoureuse de cette parole, c'est qu'un pouvoir qui protége toutes les religions n'a d'autre parti à prendre que de les oublier toutes, et se mettre à faire des lois comme si ces croyances n'existaient pas : quelle différence y aura-t-il alors entre un peuple qui a des croyances diverses et celui qui n'en professe aucune ? Faire abstraction de toute croyance dans la loi civile, c'est se mettre dans une contradiction inévitable avec plusieurs d'entre elles ; et alors comment est possible ce respect de la liberté de conscience qu'on dit à juste titre être le seul garant des intérêts de la conscience, dans un pays d'où a disparu l'unité religieuse ?

Une loi qui fera abstraction de toutes les religions, par

cela même qu'elle en contredit plusieurs, se trouvera forcée de se contredire elle-même, et de se modifier sans cesse ; car elle froissera de justes susceptibilités, provoquera des résistances, soulèvera d'énergiques réclamations, et verra ainsi s'affaiblir le respect à la condition duquel seulement sa durée est possible.

Ainsi, l'expérience démontre que, même sous l'empire de la liberté religieuse, les législations civiles ne peuvent impunément faire abstraction des faits religieux, mais que, dans l'intérêt même de leur autorité, elles doivent en tenir compte ; et c'est en ce sens que Portalis, répondant à M. de Malleville, disait si justement : « Lorsqu'on admet ou conserve une religion, il faut la régir d'après ses principes. »

On parle de tolérance, et l'on dit : Le mariage civil doit être toléré pour que la liberté de conscience ne soit pas un vain mot. Cette assimilation entre la liberté religieuse et la tolérance, part d'une fausse notion de l'une et de l'autre : l'une est, nous l'avons vu, le droit de conformer ses actes à sa croyance ; l'autre consiste simplement à pouvoir enfreindre une obligation religieuse sans encourir aucune peine civile. Il n'y a pas matière à liberté religieuse quand il n'y a pas d'obligation de conscience, mais seulement une prétention à s'en affranchir : il ne peut y avoir là qu'une simple tolérance civile ; et encore dans quelle limite cette tolérance elle-même est-elle possible à la loi civile ? ce n'est qu'autant que l'infraction des obligations religieuses n'entraîne pas l'infraction des droits d'autrui. La tolérance ne doit donc être admise que pour les obligations morales, qui sont personnelles et individuelles ; mais pour les obligations qui se lient à un droit étranger, qui ne peuvent s'omettre sans que les droits naturels ou religieux d'un autre soient violés, comme le mariage, le pouvoir séculier ne peut abandonner à la conscience l'accomplissement ou l'omission des devoirs qui en découlent, sous peine de laisser les droits religieux des citoyens sans garantie et la liberté religieuse sans protection. Ainsi pouvoir manquer aux obligations religieuses est un mal que l'on peut demander de la loi civile seulement à titre de tolérance ; et encore cette tolérance n'est-elle admissible qu'autant que reste intacte la liberté de conscience dont elle est fort distincte. Par conséquent l'assimilation que l'on voudrait faire de la tolérance et de la liberté religieuse pèche par sa base.

Pour rendre ceci sensible par un exemple, supposons un

mariage civil qu'un seul des époux veut faire suivre de la célébration religieuse : la loi civile laisse cet époux sans moyens de contrainte pour arriver à ce résultat. L'autre époux s'y refuse obstinément : c'est à tort que l'on prétendrait que ce droit lui appartient à titre de tolérance, et en vertu d'une faculté laissée à chacun de manquer à une obligation personnelle : il y a là plus que de la tolérance pour l'un, parce qu'il y a de l'intolérance pour l'autre, c'est-à-dire une sorte de violence morale faite à celui des époux qui veut remplir une obligation de conscience; il y a un attentat contre les droits sacrés de la liberté religieuse. Une législation qui crée une situation semblable est-elle donc à l'abri de tout reproche ?

Faire abstraction, dans le mariage légal, de toute notion religieuse, c'est ne laisser à l'acte le plus important de la vie d'autre base que la volonté du législateur : cette volonté n'étant pas infaillible est nécessairement variable; dès lors tout ce qui en dépend exclusivement est soumis aux mêmes vicissitudes.

Que devient, avec une telle base, le caractère essentiel du mariage, l'indissolubilité ? Si nous voyons encore ce lien sacré respecté parmi nous, il faut l'attribuer non pas à la loi civile, qui est impuissante à le produire aussi bien qu'à le sanctionner; mais à la loi religieuse qui le prescrit, et qui retrouve dans les mœurs publiques une sorte de consécration que la loi civile lui conteste injustement.

On a parlé des profanations scandaleuses qui auraient lieu si le code Napoléon exigeait la réception du sacrement pour la validité du mariage. Cette profanation ne serait à craindre que dans un pays où la majorité des citoyens serait dépourvue de religion; heureusement il n'en est pas ainsi. La célébration religieuse peut se concilier avec un état de choses qui, comme le nôtre, admet en présence plusieurs religions et plusieurs cultes. La loi ne demandera à personne d'abdiquer sa propre croyance, mais au contraire de lui rendre hommage : chacun invoquera Dieu suivant sa foi, et fera bénir son mariage aux autels de son culte. Le protestant répondra à l'appel de son ministre, le juif à celui du rabbin. La loi viendra en aide au pouvoir et au précepte de tous; elle gardera son impartialité en honorant tous les cultes; elle n'aura rien perdu de sa majesté, car elle ne s'inclinera que devant Dieu. En supposant même le sacrement de mariage reçu sans les dispositions nécessaires par les catholiques n'en ayant que le nom sans en avoir l'esprit; ceux-là dont saint Augustin dit : « in quibus errat nomen fidelium, » c'est là peut-être un moindre mal qu'un état de choses qui autorise la faculté de s'engager en présence d'un officier de l'état civil dans une sorte de mensonge légal, puisque, après tout, ce qu'on déclare mariage au nom de l'autorité publique, ce n'est pas aux yeux de la doctrine catholique un mariage véritable, mais seulement une cohabitation coupable.

En définitive, on n'imposerait pas, comme on l'a dit, un sacrement à ceux qui n'en veulent pas. Car une loi prescrivant le mariage religieux, par ce seul fait qu'elle serait sanctionnée de l'autorité civile, cesserait d'être une loi purement ecclésiastique pour devenir également civile.

Ce serait donc une loi civile que l'on accomplirait dans ce cas en s'assujettissant à la cérémonie religieuse du mariage! On reste libre d'ailleurs d'y apporter, ou non, les dispositions religieuses; de telle sorte qu'il n'y a pas là cette violence faite à la liberté de pensée et de conscience qui aurait pour résultat d'imposer des sentiments religieux contre le gré du contractant. Ce qui serait imposé alors, ce serait, pour celui qui ne croit pas, une simple formalité, laquelle constitue un sacrement à l'égard des chrétiens, les seuls dont l'intérêt soit sacré dans une matière si intimement liée à la foi religieuse.

Pour nous résumer, la liberté des cultes, si chère à tous, serait-elle atteinte parce qu'on rendrait à chaque culte la part qui lui revient et qu'il exige dans la célébration du mariage?

Trois systèmes peuvent être mis en présence au sujet du mariage : ou bien le clergé est le seul ministre du mariage, et alors le caractère religieux absorbe le caractère civil; nous ne voulons pas de cet envahissement heureusement incompatible avec les bases de nos sociétés modernes : ou bien le mariage civil absorbe le mariage religieux; c'est là ce que nous combattons dans le principe français : ou bien il faut admettre que le mariage est un contrat civil et à la fois un sacrement religieux. Point de sacrement si le contrat civil n'a précédé; point de contrat civil efficace si le sacrement n'a suivi. Le magistrat reçoit la promesse des époux, le prêtre leur serment. La société ne s'incline devant le lien que quand il est consacré.

C'est ce système mixte, en vigueur à Naples et en Sicile, que d'éloquents écrivains voudraient voir régir en France le mariage. Cette réforme, selon eux, n'est pas seulement en harmonie avec les plus saines notions juridiques; elle est appelée par l'état des mœurs, par la résistance instinctive du sentiment populaire en France contre la législation actuelle. Ce ne sont pas seulement les cultes et les législations de tous les temps et de tous les peuples qui refusent d'admettre ce caractère exclusivement civil attribué par nos lois à l'institution du mariage; ce sont toutes les consciences, c'est même l'opinion universelle du siècle qui a vu naître cette prétention si exorbitante et si contraire aux vrais droits.

En France le nombre est petit, en effet, de ceux qui se croient mariés parce qu'ils ont comparu devant un secrétaire de mairie qui leur aura lu trois articles du Code, et un adjoint qui, après de banales interrogations, leur aura dit : « Je vous déclare unis par les liens du mariage. » C'est devant le prêtre, au pied de l'autel, dans le silence et le recueillement des consciences, au milieu des prières de la famille, c'est là que s'accomplit l'acte saint, le mystère, le sacrement, le vrai mariage en un mot. Pourquoi dès lors ne pas mettre la loi d'accord avec l'opinion? est-ce à la loi à se montrer en retard? Au lieu de se dresser comme un argument vivant, comme une menace permanente contre ces vieilles mœurs, contre ces utiles croyances qui sont le ciment de l'ordre, ou plutôt qui sont l'ordre lui-même, ne doit-elle pas au contraire s'en montrer la digne sauvegarde et l'efficace garantie? Une société qui ne reconnaîtrait pas d'autre conscience que le frein légal, d'autre Dieu que le magistrat, d'autre religion que les codes, effrayerait bien vite les admirateurs exclusifs de la puissance civile. Ceux qui veulent que le mariage puisse se passer de Dieu seraient bien fâchés que la société s'en passât, et plus fâchés encore qu'on les crût capables de s'en passer eux-mêmes. Ils comptent bien que le peuple gardera la sagesse qu'on n'a pas le courage de donner au législateur, et condamnent ainsi leur doctrine par leurs exemples et la faiblesse des lois par la fermeté des mœurs (1).

La loi est athée et doit l'être, s'écriait-on il y a trente ans, dans le fâcheux entraînement d'une discussion de parti. — Non, la loi n'est pas athée! répondait alors une des plus grandes voix qui aient illustré la tribune française; la loi est laïque et doit l'être! Les partisans de la célébration religieuse

____

(1) Sauzet, du mariage civil et du mariage religieux.

obligatoire ne demandent pas, disent-ils, autre chose! Que la loi soit laïque comme tous ceux qu'elle régit; mais en même temps qu'elle soit de bonne foi avec elle-même, qu'elle tienne compte de ce qu'elle ne peut supprimer, et dès lors qu'elle ne craigne point de reconnaître au mariage ce caractère religieux que personne en France, hormis elle, n'a cessé de lui attribuer.

Nous n'avons pas cherché à dissimuler la valeur et le nombre des arguments présentés par les partisans d'une réforme législative qui ferait du mariage religieux une obligation civile; nous devons, pour être fidèle à notre rôle impartial de rapporteur, reproduire également la thèse opposée. Deux pensées fondamentales la résument : l'indépendance des pouvoirs temporels et religieux, la distinction radicale à faire, dans le mariage, entre le contrat et le sacrement.

Pour ce qui est de la loi et du caractère exclusivement civil qu'elle doit garder, pourquoi, dit-on, le mariage légal n'est-il aujourd'hui qu'un contrat purement civil? c'est que le pacte politique ayant proclamé la liberté de la conscience et du culte, les choses purement civiles sont seules du domaine de l'Etat. Pour les choses mixtes de leur nature, il ne peut les envisager que par leur côté civil, et il doit se reconnaître incompétent pour tout ce qui touche le côté religieux. La loi civile ne pouvait donc sans inconséquence subordonner la validité du mariage, en tant que contrat, à la consécration religieuse, et elle devait encore moins soumettre l'état civil des époux et des enfants à naître au seul fait de la collation du sacrement; elle eût sans cela empiété sur un domaine qui n'est pas le sien, et donné prétexte à des reproches d'envahissement, ou tout au moins à des conflits inévitables. Au reste, la doctrine du législateur moderne, consacrant la libre intervention du pouvoir temporel sur les matières mêmes qui touchent d'un côté à l'ordre spirituel, n'est pas une innovation; l'ancienne législation avait consacré la compétence de la loi civile, notamment en matière de mariage, où son influence presque exclusive était incontestée ; et, en régissant librement cet acte si important de la vie des citoyens, elle ne faisait que suivre les vieilles traditions du droit romain : on se rappelle en effet que dans la période d'influence ecclésiastique des premiers siècles, le pouvoir civil avait connu exclusivement de la plupart des empêchements dirimants et des conditions intrinsèques du mariage; dans les siècles postérieurs on verra, si l'on y prend garde, que c'est le pouvoir civil lui-même qui avait déterminé les solennités requises pour la célébration. A la vérité, le prêtre constatait le contrat et conférait le sacrement; mais la double qualité de représentant de l'Etat et de ministre de la religion, en laquelle il agissait, n'opérait pas de confusion entre deux actes distincts, elle tenait à un système où l'autorité religieuse, partie intégrante de l'autorité politique, la domina quelquefois, mais ne l'absorba jamais. Il est manifeste, par conséquent, que la part presque exclusive que l'Eglise semble avoir eue à l'ancienne forme du mariage est plus apparente que réelle.

L'innovation du code Napoléon n'est donc pas aussi fondamentale qu'on paraît le croire généralement; elle ne consiste qu'en ce fait que le clergé, jadis gardien des registres de l'état civil, demeure aujourd'hui renfermé dans le sanctuaire, et ne constate plus que l'état religieux. Et il n'est personne qui puisse regretter sur ce point l'ancien état de choses.

En ce qui touche la distinction des éléments si divers qui constituent le mariage, il faut, ajoute-t-on, se garder d'une confusion qui ne tend à rien moins qu'à faire absorber sans raison le droit humain par les doctrines religieuses, dont la mission est cependant d'embrasser un ordre d'idées plus sublime, mais très-distinct des intérêts civils.

En effet, le mariage n'est pas seulement un fait fortuit, un accouplement résultant du penchant instinctif d'un sexe pour l'autre; c'est surtout un acte réfléchi, un contrat, une société où les parties s'unissent pour la perpétuation de l'espèce, et mettent en commun les forces dont elles disposent en vue du développement de la famille qu'elles fondent (1); ce contrat, qui pourrait méconnaître ses affinités intimes avec le droit civil? Là où il y a un engagement réciproque, l'intervention de la loi n'est-elle pas nécessaire pour garantir l'exécution et la fidélité de chacun des contractants? Ici la réciprocité d'obligations que nous signalons a pour fondement, selon l'expression de Pothier, le droit mutuel que chacun des époux a sur le corps de l'autre. Peut-on imaginer un lien plus puissant? Mais dans une société d'hommes, c'est-à-dire d'êtres passionnés, que deviendrait un tel lien sans la protection de la loi civile? Il est vrai que cet engagement n'est pas seulement réciproque, il est éternel; serait-ce là

____

(1) Thiercelin, du mariage civil et du mariage religieux.

une raison pour qu'il échappât au droit civil? Autant vaudrait dire alors que tout ce qui prend sa source dans la loi naturelle et dans la conscience, est en dehors des lois humaines. Soyons plus justes, et sachons faire la part de chacunes, c'est-à-dire celle de la nature, celle de la loi, celle de la conscience, coexistantes dans le mariage; car nous y trouvons d'abord un double élément : 1° un acte naturel, c'est le rapprochement des sexes ; 2° un acte civil, ce sont les engagements réciproques que ce rapprochement présuppose, et que la loi doit régir. À ces deux éléments se joint un troisième résultant du sentiment que l'homme a de sa faiblesse en présence d'une telle charge et du besoin qui le pousse à chercher plus haut que lui la consécration divine : voilà l'élément religieux.

Donc, trois faits distincts : le premier n'intéresse que le physiologiste et le philosophe ; le dernier demeure dans le secret de la conscience; le second seul offre au pouvoir civil matière à légiférer; et cette théorie est surtout incontestable, dans un état de choses où le domaine de la loi civile, ainsi que de la loi religieuse, est distinct et séparé; où la liberté des cultes crée, pour la loi civile, une incompétence radicale en tout ce qui touche aux intérêts purement religieux; par l'effet de cette distinction, la loi civile se meut librement de son côté, comme la loi religieuse est libre dans son domaine ; si ces deux lois se rapprochent, c'est pour se côtoyer en quelque sorte; ce n'est jamais pour se confondre et s'absorber l'une l'autre : car alors il y aurait domination de l'une sur l'autre, c'est-à-dire, envahissement et désordre.

L'affinité intime du mariage avec la loi civile apparaît plus manifeste encore, quand on recherche les véritables fondements du contrat qui lie les époux. Malgré son objet spécial, qui est de les donner l'un à l'autre « *duo in carne una* » exclusivement, indissolublement, cette union a néanmoins une base commune avec tous les contrats qui sont sanctionnés par la loi civile : cette base, c'est l'égalité.

Dans tous les autres contrats le pouvoir civil intervient pour assurer l'égalité des contractants; est-ce que par hasard le mariage, en tant que contrat, pourrait se passer de l'égalité des contractants? Pourquoi donc alors le pouvoir civil n'interviendrait-il pas ici comme partout ailleurs où il y a un droit à protéger, pour déterminer les conditions de sa validité, les formes probantes de son existence et les solennités qui doivent l'accompagner ? Ce que l'on est autorisé à demander seulement à cette intervention, c'est qu'elle s'arrête là où finit le domaine du droit, et où commence celui de la conscience ? Que fait autre chose la loi civile ? Et qu'on ne dise pas que sans la célébration religieuse tout lien moral disparaît du mariage : comme pour tout autre contrat synallagmatique, sa moralité, sa dignité, résident dans la liberté des volontés qui le forment, dans le but qu'elles se proposent, et non dans l'intervention d'un pouvoir extérieur, impuissant à la communiquer.

Ainsi, le lien moral n'a pas besoin du sacrement pour subsister. Il résulte du contrat librement formé, lequel dès lors oblige à tous les effets que le droit engendre à sa suite, l'égalité, la réciprocité, à laquelle il faut ajouter en cette matière l'indissolubilité ; et cette indissolubilité, nous l'avons vu, loin d'écarter l'intervention du pouvoir civil dans le mariage, l'appelle encore avec plus de force que partout ailleurs, car elle est la condition indispensable de l'égalité, avec laquelle elle est ici une seule et même chose. En effet, les obligations perpétuelles du mari peuvent seules compenser le sacrifice actuel de la femme. La femme qui se donne, perd plus qu'elle ne reçoit : l'attrait mystérieux de sa pureté ne s'exerce qu'une fois. Or, sa position serait inégale, c'est-à-dire contraire au droit, dans une union à temps, ou résoluble ou partagée.

Ainsi, indépendamment de toute intervention extérieure, on peut dire que ce qui constitue la nature de l'engagement conjugal, c'est la volonté commune, c'est la liberté de ces deux volontés qui se donnent l'une à l'autre, c'est la réciprocité des devoirs qui en résultent pour chacun, et qui ne sont autre chose que cette loi de Dieu, que l'homme trouve écrite dans sa conscience, c'est l'égalité fondée sur le respect du droit d'autrui, fondement indispensable de tout contrat qui n'a point pour base l'idée du sacrifice ; c'est enfin l'indissolubilité, cette compensation salutaire que le mari doit à la femme en retour de l'étendue du don qu'elle lui fait en se donnant elle-même. Toutes ces choses sacrées ne sont-elles pas du domaine du droit ? ou plutôt ne sont-elles pas le droit lui-même, puisqu'il n'est que le corollaire du devoir ?

Dira-t-on encore maintenant que le pouvoir civil ne peut produire un lien moral, qu'il ne peut donner au contrat de mariage son caractère distinctif, l'indissolubilité ? Mais qui a jamais pu soutenir que le lien conjugal, quelque idée que l'on s'en forme, fût l'œuvre du pouvoir ? qui ne sait que le droit civil ne crée point la morale, qu'antérieurement à ses prescriptions le droit naturel a aussi les siennes, et que sur cette base le droit civil devra éternellement s'appuyer pour se faire distinguer de la force, cette *ultima ratio* de toute autorité, qui n'a de raison d'être que son caprice heureux? La réponse à l'objection, c'est ce qui se passe dans le mariage, c'est la nature même des choses : on dit avec raison que des époux se marient; s'ils se marient, ce n'est donc pas une puissance humaine qui les marie, et ce serait folie que de le prétendre; leur volonté commune, voilà la source du contrat; et l'engagement qu'ils contractent en même temps qu'il implique, pour être raisonnable et juridique, les conséquences morales que nous venons de voir, forme aussi ce lien antérieur au domaine de la loi civile, mais l'appelant nécessairement, afin que la force ne vienne pas usurper la place du droit : c'est seulement alors qu'intervient la loi. Si elle parle, c'est uniquement pour rappeler aux époux les droits qu'ils acquièrent, et les obligations qu'ils contractent. Le pouvoir public n'est là que pour prêter l'appui de la force au droit, quand il est méconnu.

La loi ne créant pas le droit, c'est-à-dire les conséquences nécessaires du mariage, le lien moral, son indissolubilité, les obligations réciproques coexistantes à la société conjugale, subsistent indépendamment de toute loi civile ou religieuse; voilà ce que nous voulions démontrer. Mais nous savons que pour l'existence complète de ce lien la notion philosophique ne suffit point. Nous reconnaissons aussi que ce n'est pas assez non plus de la valeur légale qu'il tire de la sanction du pouvoir civil; et nous nous hâtons de proclamer la nécessité morale de l'intervention religieuse. Mais nous arrivons ici à un autre ordre d'idées; nous touchons le domaine de la conscience, où la loi humaine n'a plus rien à voir. Son rôle doit se borner ici à empêcher que rien n'entrave la liberté qui appartient à chacun de se conformer aux obligations de sa conscience, et d'agir en conséquence. Or, quelle atteinte souffre la liberté religieuse de chacun, parce que le pouvoir aura assuré à tous les citoyens une position égale dans la sphère où il est compétent? Cette mesure égale pour tous, c'est, dit-on, l'atteinte à la liberté de chacun; mais la liberté religieuse doit se concilier avec toutes les autres libertés, et dès lors, comme les autres, elle est le droit limité par celui d'une puissance égale. On attaque la sécularisation moderne de notre législation ; mais qu'est-ce autre chose que l'organisation de cette grande idée : qu'il faut souffrir tout ce que la Providence permet, et que la loi, qui ne peut forcer les opinions religieuses des citoyens, ne doit voir que des Français, comme la nature ne voit que des hommes? D'ailleurs le pouvoir civil, refusant son concours à l'effet de contraindre les particuliers au mariage religieux, ne gêne en rien l'Eglise dans l'accomplissement de son devoir tel que la conscience des catholiques exige qu'il soit rempli. La meilleure preuve, c'est que le mariage civil, dans la pratique, est presque toujours suivi du mariage religieux sans froissement pour personne. Si le pouvoir civil ne s'occupe pas de ce dernier, si la loi française n'attache de conséquences légales qu'à la célébration civile, c'est qu'une loi ne peut en attacher qu'aux seuls actes qu'elle connaît, qui relèvent de son autorité, et dont les solennités sont réglées par ses prescriptions. On parle de la liberté des catholiques ; mais, du jour où une loi civile prescrirait la célébration religieuse, cette liberté ne serait plus qu'un vain mot, car ce n'est pas être libre que d'être forcé par le pouvoir à agir comme catholique. D'ailleurs, à côté du droit de ce catholique se trouve celui du dissident, droit également incontestable à faire maintenir par la seule sanction civile le lien conjugal créé par deux volontés raisonnables et libres, quoique dans la sphère purement humaine. Si donc on objecte que l'un des époux, après un mariage contracté civilement, verra, en cas de refus de son conjoint de recourir au mariage religieux, consacrer par l'autorité un état de choses que la religion nomme un concubinage, nous répondrons que cette situation, quelque fâcheuse qu'elle puisse être, c'est la volonté de celui qui s'en plaint qui y a donné lieu, puisqu'il a voulu la sanction légale dont les effets sont irrésistibles.

Cette volonté aura, il est vrai, comme conséquence prévue, si le plaignant n'avait d'abord en vue que la célébration civile, imprévue dans le cas contraire, un fait opposé aux prescriptions de l'Eglise ; mais ce n'est pas à dire pour cela que cet état de choses soit contraire à la morale universelle.

En effet, un lien de droit, produit par l'échange et l'égalité de deux volontés, ne saurait être regardé comme immoral en lui-même, malgré l'omission de la prescription religieuse à laquelle ce catholique voudrait revenir après coup : s'il ne le peut, et que la volonté contraire de l'autre époux l'oblige à persister dans cette situation que la religion condamne, c'est assurément un mal, mais un mal inévitable, le lien de droit qui l'enchaîne ne pouvant être supprimé : serait-ce d'ailleurs un moindre mal de l'affranchir des obligations de ce lien indissoluble que sa volonté a formé? On arrive ainsi à reconnaître que, dans ce concours de deux droits si distincts, le pouvoir civil est réduit à faire abstraction des prescriptions religieuses, afin de pouvoir assurer au lien civil le respect qui lui est dû dans la mesure où il est nécessaire, afin de pouvoir en même temps laisser à la loi religieuse son indépendance dans la sphère supérieure où elle est placée. Il résulte de tout ceci que l'assimilation du mariage civil au concubinat est sans fondement; car les époux mariés légalement, c'est-à-dire avec le titre et la preuve de leurs promesses réciproques, n'ont rien de commun avec le couple qui n'a pour sanction de son engagement que le plaisir ou le caprice! Ces époux par le lien civil, quand même il existerait seul, ne peuvent être comparés à ces acheteurs de mauvaise foi qui se refusent à donner des arrhes, pour se ménager la possibilité de rompre le marché. Ils ont fait librement un serment public qui les oblige : ils ont eu cette noble confiance de se donner mutuellement des garanties contre eux-mêmes; et ainsi l'intervention du pouvoir civil, si elle ne donne pas à ce lien ainsi formé l'indissolubilité, parce qu'il n'a pas à créer ce qui existe de soi, elle lui donne tout au moins cette valeur morale et juridique suffisante pour que le mariage civil ne puisse être confondu avec ces accouplements désastreux auxquels on voudrait l'assimiler.

Maintenant est-ce à dire que dans le mariage ainsi contracté, la religion n'ait rien à faire? A Dieu ne plaise! Mais c'est là, nous l'avons dit, un ordre de choses essentiellement distinct. Le mariage catholique, étant un sacrement, relève de l'Église seule; il ne faut donc pas confondre deux puissances exerçant leur empire sur des objets différents, et il faut se garder de cette préoccupation fâcheuse qui ne permettrait pas de distinguer dans un acte les deux éléments qui le composent. Dans la doctrine de l'Eglise, il est vrai, le prêtre qui confirme le sacrement doit en même temps recevoir le contrat, parce que le sacrement doit reposer sur quelque chose, et que l'Eglise dans son indépendance ne doit foi qu'aux actes qu'elle reçoit; voilà pourquoi, aux yeux de l'Eglise, il y a mariage quand les deux choses concourent, mais il n'y a ni contrat ni sacrement là où l'une seulement de ces deux choses viendrait à manquer. Toutefois l'indivisibilité conventionnelle de deux actes qui paraissent unis parce qu'ils sont la condition l'un de l'autre, n'empêche pas qu'on ne puisse, à un autre point de vue, et dans une autre sphère, les tenir divisés ; or, c'est ce que fait le pouvoir civil : il se cóntente de prendre dans cet acte complexe, le consentement mutuel des époux, appelé matière du sacrement, pour le régler et déduire dans la loi positive les effets civils qu'il produit naturellement : il y a là un ensemble divisément défini, et distinctement saisissable. Le sacrement apporte bien *aliquid remedium sanctitatis* à cet état de choses que la morale surnaturelle regarde comme constituant par lui-même une imperfection ; il n'en est pas moins vrai qu'il y a un élément tout à fait distinct du sacrement, qu'on appellera du nom que l'on voudra, mais qui n'est pas le sacrement ; ce quelque chose préexistant, ce sont deux volontés engagées l'une à l'autre. Qu'on ne dise pas que le contrat-sacrement étant indivisible, le pouvoir civil ne peut y toucher sans porter la main sur une chose sainte. — L'Eglise ne reçoit le contrat qu'en vue du sacrement ; par réciproque, pourquoi le pouvoir civil, lui aussi, n'aurait-il pas le droit, à son point de vue spécial, d'envisager le contrat spécialement en raison des effets civils qui en découlent ?

Ainsi les deux actes dans le mariage peuvent être unis comme ils peuvent être distincts. Le pouvoir humain ne fait qu'attacher des effets civils à cette même volonté réciproque qui unit les époux et qui formera la matière du sacrement ; pour cela il demande qu'on la manifeste devant lui, c'est bien le moins qu'il puisse exiger. Selon l'Eglise, le sacrement à son tour n'est pas destiné seulement à bénir un mariage existant déjà par soi-même, mais il est le complément nécessaire du contrat ; de telle sorte que, le sacrement manquant, le contrat n'est pas obligatoire ; ainsi l'Eglise use du pouvoir qu'elle a de déterminer les conditions de validité des droits qu'elle sanctionne, mais cet usage qu'elle en fait laisse saufs les pouvoirs de l'autorité séculière qui n'a en vue que l'autre face du même acte.

Au reste, la doctrine qui distingue le contrat du sacrement, et qui regarde le sacrement comme parfait par la seule célébration religieuse, se reproduit, disent les partisans de cette opinion, dans tous les discours prononcés à l'occasion du mariage dans le concile de Trente, aussi bien que dans les écrits des pères postérieurs à ce concile. Si le sacrement n'est pas le contrat civil, peut se concevoir séparément et ne s'identifie point en réalité avec lui, distinguer le mariage civil du mariage religieux, ce n'est après tout que se conformer à la nature des choses, et ce n'est pas dénier la qualité de sacrement au mariage religieux, ce qui seulement serait se poser en contradiction avec la doctrine théologique.

Nul d'ailleurs ne saurait contester à l'Église la gloire d'avoir excellemment consacré la formation du lien conjugal, et d'attacher ainsi à tous les états une grâce et par là même une espérance qui relève l'homme de sa propre faiblesse; mais, après tout, les croyances religieuses, si saintes qu'elles soient, ne s'imposent point, et c'est le mérite de notre époque d'avoir fixé les bases de notre état social sur ce grand principe qui domine les rapports entre l'Église et l'État. Tout se résume donc en ces deux lois : liberté entière pour l'Église dans l'enseignement et dans la collation des sacrements; mais en même temps liberté de conscience pour les particuliers; incompétence religieuse du pouvoir civil, qui ne peut intervenir que là où apparaît une violation du droit; en un mot, indépendance des deux pouvoirs civils et religieux. Ce que les partisans du mariage religieux obligatoire demandent d'introduire dans la loi, les catholiques le font déjà volontairement : que gagneraient-ils à le faire par contrainte ? Pour ceux-ci une loi sur le mariage religieux est tout au moins inutile; mais pour les partisans des cultes dissidents, cette contrainte, qui leur imposerait le sacrement, serait plus qu'une inutilité, ce serait une atteinte à leur liberté. La loi qu'on demande serait donc ou inutile ou tyrannique.

La tolérance civile, qui sert de base aux sociétés modernes, laisse en même temps aux religions toute liberté sans se mêler de ce qui peut leur nuire ou les servir. Ce principe peut avoir, il est vrai, au point de vue religieux, des inconvénients, entre autres la dissemblance qui se trouve dans certains cas, et en particulier sur le mariage, entre le droit humain et le droit religieux; mais ces inconvénients ne sont-ils pas compensés par le mérite laissé à la religion catholique en particulier de vivre et de vaincre par sa propre vertu ?

Les fruits qu'a produits pour l'Église la libre et indépendante manifestation de ses forces et de ses croyances sont là pour l'attester.

Croit-on, d'ailleurs, que l'Eglise gagnerait beaucoup à ce qu'on implantât dans la loi française le système mixte du mariage usité dans le royaume des Deux-Siciles? Dans ce pays, nous l'avons vu, la constatation du mariage par le pouvoir civil seul ne suffit point : ce n'est qu'une promesse donnant lieu seulement à des dommages-intérêts contre celui des époux qui refuse, sans motifs, de la ratifier devant l'Eglise. D'un autre côté, la solennité religieuse seule ne produit aucun effet. Il n'y a mariage qu'autant que les deux autorités ont concouru, et que le contrat a reçu la double sanction du pouvoir civil et de l'Eglise.

On a proposé d'amender ce système, de manière que chaque couple fasse consacrer son mariage par le ministre de sa religion. Ce serait, en effet, dans un pays tel que la France, où l'unité religieuse n'est plus, comme dans les Deux-Siciles, le fondement de la législation, ce serait, dit-on, le moyen de concilier ainsi l'indépendance de l'Etat avec le principe de la liberté des cultes. — Ce serait là, si l'on veut, mettre Dieu dans la loi, dont on regrette qu'il soit banni. Mais, qu'on y songe bien, le Dieu que l'on veut y mettre est un Dieu tronqué, incomplet, tel qu'il plaira à chacun de l'imaginer.

Donner à toutes les religions la satisfaction illusoire de parler de Dieu sans dire lequel, c'est tourner une difficulté par une équivoque qui ne peut satisfaire personne pour peu qu'on aille au fond des choses. D'ailleurs a-t-on bien réfléchi aux difficultés pratiques du système que l'on propose? Voyons ce qui se passera dans la réalité des faits. Quand les deux futurs, par exemple, appartiendront à deux cultes différents, faudra-t-il deux cérémonies religieuses pour la validité du mariage, ou n'en faudra-t-il qu'une seule? Si une seule devait suffire, laquelle choisirait-on? Si l'on exigeait les deux cérémonies, on forcerait donc l'époux catholique à se marier au temple protestant, quand même l'autre époux ne le demanderait point, ou l'époux protestant à se marier devant le prêtre catholique? Cet éclectisme de la loi nouvelle servirait-il les catholiques dans la mesure où on le penserait au premier abord? Il est permis d'affirmer que non; et il demeure vrai que c'est là une de ces questions très-simples dans la pratique quand on laisse à la conscience de chacun le soin de les résoudre, mais qui deviennent embarrassantes et presque ridicules quand l'Etat s'en mêle.

D'ailleurs, avec la loi que l'on propose, que devient le

principe fondamental de notre organisation politique depuis 1789, c'est-à-dire la séparation de l'ordre civil et de l'ordre religieux? Si l'Etat devait recommencer à attacher au sacrement la validité du mariage, nous verrions se renouveler cette regrettable confusion et ces luttes des siècles passés, dont personne ne peut désirer le retour. Car enfin, si le ministre du culte refusait, par des raisons quelconques, de consacrer le mariage, il n'aurait donc pas lieu ? l'acte civil serait annulé ? L'autorité religieuse serait, en dernier ressort, le juge de cette situation, et toutes les prescriptions du mariage passeraient du droit civil dans le droit ecclésiastique ? ou bien, il faudrait donc ressusciter les appels comme d'abus avec tous leurs inconvénients; et nous verrions un tribunal civil ordonner à un prêtre de procéder à la célébration, et d'administrer un sacrement ?

On a reproché souvent à la loi civile son athéisme ! mais, en vérité, l'objection finirait par avoir du vrai, si l'on voyait l'État, au lieu de s'arrêter respectueusement au seuil de toutes les religions, parce qu'elles ne sont pas de son ressort, intervenir dans tous les cultes à la fois, ordonner au catholique de se marier à l'église, au protestant de se marier au temple, au juif de se marier à la synagogue, et se constituer, non point le protecteur impartial, mais le régulateur de tous les cultes en même temps. D'ailleurs, si l'État a le droit de m'imposer le mariage religieux, pourquoi n'aurait-il pas aussi le droit de me prescrire une forme religieuse à l'exclusion des autres, de choisir le sacrement catholique de préférence à la bénédiction protestante, ou la bénédiction protestante de préférence au sacrement catholique ? Qui dit religion, dit dogmes ; qui dit dogmes, dit exclusion de dogmes contraires ou différents.

L'Etat, comme État, peut bien rester neutre, et protéger également tous les citoyens dans l'exercice légitime de leur culte ; il ne peut point, par des prescriptions plus religieuses que civiles, intervenir dans toutes les croyances, se faire juif avec les juifs, protestant avec les protestants, catholique avec les catholiques. Tôt ou tard, il choisirait, et son choix serait l'abolition de la liberté de conscience. C'en est assez pour démontrer que le régime du mariage, tel qu'il se pratique à Naples et en Sardaigne, est incompatible avec l'état des esprits, des mœurs, des opinions et des religions en France.

La conséquence de cette argumentation, ce serait donc qu'il y aurait plus d'inconvénients que d'avantages à rendre, dans notre loi civile, la célébration religieuse du mariage obligatoire.

Nous croyons marcher à la suite de la plupart des intelligences sages et éclairées, en partageant cette conclusion : mais est-ce à dire qu'il n'y ait rien à faire pour améliorer notre législation civile sur la forme du mariage? c'est ici que nous nous séparons de l'une et de l'autre des deux opinions extrêmes que nous venons de résumer ; et qu'adoptant certains de leurs principes, et pour cela même, nous croyons rendre à la part de vérités qu'elles contiennent l'une et l'autre, un légitime hommage, en tirant de toutes deux les conclusions intermédiaires que nous allons exposer en peu de mots.

CONCLUSION.

Pour mieux juger notre législation actuelle sur cette matière, établissons d'abord les principes sur lesquels il nous semble que l'on peut concevoir la théorie du mariage en elle-même; nous verrons ensuite sur quelles données cette théorie peut s'établir dans une société comme la nôtre, où les deux puissances spirituelle et temporelle sont indépendantes l'une de l'autre : nous pourrons mieux juger alors la question de savoir si notre loi civile a été fidèle à ces données fondamentales, et ce qu'il y aurait à faire pour la régulariser, sans changer ses principes, dont son vice actuel est seulement d'avoir tiré des conséquences fâcheuses.

Tout ce que nous avons dit sur le mariage, sur sa nature morale, sur l'égalité qui doit en être la base, sur le lien juridique qu'il produit, enfin sur ses effets civils, démontre assez, à notre avis, que, dans la théorie du mariage, on peut concevoir un élément entièrement distinct de cet élément religieux dans lequel certains théologiens ont voulu comme l'absorber, se fondant sur le caractère sacramentel que lui a imprimé le fondateur divin de l'Église.

Ne serait-ce pas ici le cas de rappeler ces paroles sorties de la bouche même du Christ : « Non veni solvere, sed adim- » plere legem; » « Je ne suis point venu détruire la loi, » mais seulement la compléter. » Cette magnifique synthèse de l'œuvre divine, ne pouvons-nous pas, l'appliquant à la question qui nous occupe, dire aussi : Le mariage, depuis la venue de Jésus-Christ, n'est parfait que par l'intervention religieuse jointe à l'action des pouvoirs humains; mais, avant que cette force sacramentelle eût été introduite dans le mariage, il existait néanmoins de droit naturel; une transformation postérieure a pu faire qu'il ne fût plus complet aux mêmes conditions que précédemment, mais elle n'a pu avoir pour résultat de le rendre inexistant par cela seul qu'il était formé seulement avec ces conditions primitivement suffisantes à sa validité. Ainsi, depuis Jésus-Christ, le mariage est devenu un sacrement religieux, nous le reconnaissons; mais il est resté un contrat de droit naturel existant comme tel indépendamment du sacrement; nous pourrions en citer comme preuve les mariages contractés pendant les premiers siècles dé l'Eglise où la célébration religieuse n'était pas encore obligatoire, et ceux contractés dans tous les cas où il est impossible de les faire consacrer religieusement, auxquels cas l'Église les reconnaît comme parfaitement valables.

Ce n'est donc pas contredire la saine doctrine théologique, que de reconnaître dans le mariage autre chose que le sacrement; cet élément antérieur, l'Eglise, en vertu du pouvoir divin qu'elle a de réglementer la société conjugale, peut le regarder comme insuffisant si le sacrement ne s'y joint pas; mais on ne peut en même temps méconnaître son existence distincte, et dès lors il est permis au moins en théorie de le considérer isolément, et abstraction faite de l'élément religieux.

Si maintenant nous nous demandons ce qu'est le mariage selon le droit naturel, nous verrons que c'est un contrat résidant essentiellement dans le consentement; ce consentement, nous en convenons, pour former un mariage parfait doit être revêtu d'une double forme, la forme religieuse qui lui donne sa sanction morale et sa plus efficace garantie d'indissolubilité, et la forme civile qui y attache une valeur juridique. Mais enfin, théoriquement la distinction de ces éléments est possible; et elle a été jugée possible par le concile de Trente, puisqu'il a déclaré anathème à ceux qui prétendraient que les mariages clandestins étaient nuls; or les mariages clandestins étaient alors les mariages dépourvus de toute forme civile régulière et de toute forme religieuse.

La doctrine même des théologiens sur le sacrement de mariage vient à l'appui de cette opinion; en effet, cette doctrine donne au sacrement de mariage, comme à tous les autres sacrements, une matière et une forme. Cette matière, c'est la volonté des contractants, exprimée dans les termes consacrés, de se prendre pour mari et femme. Mais cette matière du sacrement doit lui être nécessairement préexistante; et si elle préexiste, qu'est-ce qui empêche de la considérer à ce point de vue d'une manière isolée? Si de plus ce consentement, élément fondamental, quoique non suffisant, du mariage est indépendant du sacrement, puisque le sacrement ne vient que s'y surajouter, ne peut-il pas être réglementé, quant à sa forme et quant à ses conséquences civiles, par le législateur humain; indépendamment de la consécration religieuse? que si le consentement matrimonial constituait un sacrement, nous serions plus embarrassés pour formuler cette théorie, parce que l'on pourrait toujours contester à la loi humaine le droit de réglementer un sacrement de l'Eglise. Mais cette opinion théologique qui fait consister le sacrement de mariage dans le consentement, en donnant à ce sacrement pour matière le consentement, pour forme les paroles, pour ministres les contractants, est une opinion généralement repoussée par la science théologique. Nous sommes donc fondé à appuyer notre théorie sur l'opinion la plus généralement accréditée, à savoir que le sacrement consiste dans la bénédiction nuptiale, qui est elle-même la forme du sacrement, comme le consentement des parties en est la matière, et comme le prêtre en est le ministre : reste donc dans le mariage un élément nécessairement antérieur au sacrement, et que l'on peut par conséquent envisager au point de vue théorique d'une façon isolée, dont aussi une législation humaine peut s'emparer pour le réglementer, quant à ses autres effets que ses effets religieux.

Si cette doctrine est fondée *a priori*, ne l'est-elle pas encore davantage sous une législation qui a pour base la séparation des deux puissances civile et religieuse, dans laquelle par conséquent la puissance civile est incompétente pour envisager dans son entier une question mixte comme celle du mariage? Cette distinction, qui, sans exclure le complément du lien religieux, tel que le réclame la conscience des contractants, en fait abstraction dans la loi civile, est seule conciliable avec un état de choses où, comme le nôtre, diverses doctrines religieuses sont en présence sur la nature même et les conditions du mariage religieux. Nous croyons donc que notre loi actuelle, à raison des principes nouveaux sur les rapports entre l'Eglise et l'Etat, a sagement fait de se renfermer dans des prescriptions ayant seulement pour objet le côté civil du mariage ; et nous disons que cette abstraction faite par la loi civile de l'élément religieux, est seule conforme au grand principe de l'indépendance des deux puissances, indépendance que proclament au reste, en matière même de mariage, un certain nombre de théologiens qui reconnaissent à la puissance temporelle aussi bien qu'à la puissance spirituelle le droit d'opposer des empêchements dirimants au mariage.

Nous croyons enfin qu'ouvrir la porte aux prescriptions civiles sur la célébration religieuse obligatoire, ce serait donner prétexte à ces conflits déplorables que nous signalions tout à l'heure.

Mais à nos yeux cette indépendance des deux puissances doit avoir pour corollaire indispensable l'harmonie la plus parfaite entre l'autorité civile et l'autorité religieuse, parce que, ne relevant point l'une de l'autre, elles sont appelées néanmoins à vivre chacune à côté de l'autre, et ont dans leurs prescriptions un domaine contigu et quelquefois mixte.

Il s'ensuit que la loi civile, si elle ne s'occupe pas des questions religieuses, ne doit cependant point, dans ses prescriptions civiles, se mettre en contradiction avec la doctrine, l'autorité religieuse sur ces matières : voilà la condition indispensable de l'indépendance des deux puissances ; cette condition nous la résumons par ce seul mot : l'harmonie. Or, notre législation civile sur le mariage a-t-elle réalisé l'un et l'autre de ces principes ? Nous ne pouvons l'admettre : elle s'est faite, comme c'était son droit, indépendante de la législation religieuse ; mais il fallait aller plus loin, réaliser aussi cette harmonie, cette bonne intelligence des doctrines, qui n'aurait pas permis à la loi civile de se mettre en contradiction avec la loi religieuse. Et voilà ce que notre loi civile n'a pas su faire, parce qu'à l'époque où elle s'inaugurait, les conséquences du principe nouveau de la liberté de conscience, de l'indépendance des deux autorités et de la liberté des cultes, n'avaient pas encore reçu leurs délicates applications, et n'étaient pas nettement définies.

Cette lacune de notre loi civile en ces matières est donc excusable, mais elle n'en est pas moins réelle ; nous allons le montrer, et, nous l'ajoutons, elle est facilement réparable.

Pour rester fidèle au double principe sur lequel elle était légitimement édifiée, notre loi civile devait non pas mentionner, mais au moins supposer le concours des deux mariages civil et religieux : la vérité demandait donc qu'elle ne fît aucune prescription au sujet de ce dernier, mais aussi qu'elle ne la traitât point comme non-existant, puisqu'il a en lui-même une existence indépendante, et surtout qu'elle n'édictât rien qui en impliquât la négation, qui en fût la contradiction, ou qui y fût une entrave, sous peine de mentir à son point de départ, et de constituer une indépendance hostile, défiante, c'est-à-dire un scandale et un despotisme.

Ainsi, point de prescription civile au sujet du sacrement ; car ou l'on prescrirait la célébration catholique, et alors que devient la liberté des autres cultes? ou l'on prescrirait une célébration religieuse quelconque, et alors c'est une fiction impossible qui ne satisferait ni les catholiques dont elle défigure le précepte, ni les autres cultes qui ne s'y reconnaissent pas davantage, ni les incroyants qui traduisent pour eux la liberté des cultes dans le sens d'un droit à n'en avoir aucun.

Mais s'il ne faut prescrire aucune célébration religieuse, par réciprocité il ne faut aussi en nier aucune, n'en rendre aucune soit impossible, soit difficile, ni enfin en détruire implicitement la notion par une organisation du mariage civil qui semble vouloir nier ou absorber implicitement cette doctrine religieuse, en attribuant à la célébration civile un caractère et des effets qu'elle n'a point par elle-même et qui sont précisément ceux de la célébration religieuse. Force est donc de reconnaître un mensonge dans la formule civile de notre loi, actuelle, qui, en proclamant les époux unis au nom de la loi, semble faire de la loi civile la cause *efficiente* de l'union conjugale, tandis que ce lien résulte seulement en réalité du contrat naturel, sanctionné par la loi civile, et consacré par le sacrement. Sans les formes et la sanction civile, ce lien, ce contrat, ce sacrement, doivent être destitués de tout effet civil, nous l'admettons sans difficulté ; mais, encore une fois, aux yeux de toute croyance religieuse et spécialement de la doctrine catholique, le lien conjugal, le mariage en un mot, existe indépendamment de la forme civile, incomplet sans doute, puisqu'il est encore privé des effets civils, mais non moins réellement existant pour cela : donc, que la forme civile n'affecte pas de croire ou de persuader qu'elle crée le lien par la vertu de son intervention, toute seule ; car cette prétention fausse et impossible trompera les ignorants, fera sourire les plus clairvoyants ; c'est là un double mal que l'on pourrait éviter tout en restant dans les termes de l'indépendance des deux puissances et de la liberté pour tous ; on le pourrait, disons-nous, par une rédaction moins absolue de la forme du mariage civil, qui alors se bornerait à reconnaître comme pourvue des effets civils, une union qu'il ne crée point, mais qu'il peut seulement enregistrer et légaliser. Le ministre de la loi, au lieu de proclamer au nom de cette loi les époux unis en mariage, se contenterait de déclarer que la loi civile reconnaît, en vertu de sa déclaration, les effets civils au mariage qu'il vient constater.

En supprimant cette première fiction qui fait à tort consister le lien conjugal dans la seule célébration civile, on arri-

verait, par une conséquence nécessaire, à faire disparaître la
fiction inverse qui en est le corollaire, à savoir que le mariage
est comme n'existant point, tant que n'est pas intervenue la
cérémonie civile, fiction que nous venons de démontrer fausse.
En effet, que le mariage soit jusque là sans valeur légale, je
le veux; mais prétendre que cet acte de droit naturel par lequel les contractants se sont pris l'un l'autre pour époux, devenu un acte divin par la sanction religieuse, qui, selon
toutes les croyances, doit le consacrer; prétendre, dis-je,
que tout cela n'est rien aux yeux de la loi, ce n'est pas seulement une abstraction mensongère, c'est un malheur social;
car sa conséquence inévitable c'est de faire dire, par une dé-
plorable contradiction, selon qu'on se place au point de vue
civil ou religieux, des mêmes personnes, qu'elles sont ma-
riées et qu'elles ne le sont point; des mêmes enfants, qu'ils
sont bâtards et qu'ils ne le sont point; de créer enfin cette
contradiction des deux lois divine et humaine, ce qui aux
yeux de tout homme sérieux ne peut être que la condamna-
tion de la loi humaine, puisqu'après tout la loi divine lui est
supérieure et ne doit pas se modifier au bon plaisir de
celle-là.

Ainsi, pour nous résumer sur ce point, que la loi humaine ne donne l'existence légale, c'est-à-dire ne revête des
effets civils, qu'une union sérieuse, un véritable mariage, rien
de plus juste; que pour cela elle s'entoure de certaines précautions telles que de faire constater l'existence du mariage
religieux par un agent de l'autorité civile, ainsi que cela se
pratique sans inconvénient en Angleterre, rien de plus facile encore; mais en même temps que la loi, par respect pour
la vérité, ou tout au moins pour la liberté de croyance des
contractants, ne feigne pas la non-existence de ce qui existe
pour eux, fiction qui n'a d'égale que cette autre plus dange-
reuse encore, le lien conjugal existant en vertu de la seule
déclaration de l'officier de l'état civil.

Mais les deux lois civile et religieuse une fois rendues à
leurs justes termes, et la vérité des choses étant rétablie, la
prohibition de la loi actuelle, en vertu de laquelle la célébration religieuse ne peut précéder la célébration civile du mariage, n'a plus de raison d'être: les conséquences de cette
prohibition, dans l'état de choses présent, sont déplorables:
deux personnes ont vécu en concubinage, l'une d'elles est à
l'article de la mort et ne peut se séparer de l'autre; cepen-

dant il faut pourvoir, tant aux intérêts de sa conscience qu'au sort de ses enfants ; il n'y a pas d'autre moyen qu'un mariage dit *in.extremis ;* les deux parties y consentent ; mais, pour qu'il puisse être contracté devant l'officier de l'état civil, il faut, en se reportant aux articles 63, 64 et 169 du code, un délai de onze jours et souvent un délai plus long. Dans cette situation, n'y aurait-il pas de la cruauté à défendre au ministre du culte de donner la bénédiction nuptiale ? Aussi, tout prêtre qui connaît ses devoirs ne balancera-t-il pas un instant ; il prêtera son ministère spirituel, dût-il être condamné plus tard comme coupable d'un attentat à l'ordre public.

Mais la loi civile, qui punit dans cette circonstance le ministre religieux, pour avoir rempli un devoir qui lui est commandé par la loi divine, commet certainement une injustice et une tyrannie. Cette prohibition a pu avoir, jusqu'à un certain point, sa raison d'être, lorsqu'au début de la nouvelle organisation du mariage, il importait de prémunir les ignorants contre la confusion des effets civils et religieux, encore possible à cette époque, par suite de la double qualité d'officier civil et de ministre du sacrement, qu'avait gardée le prêtre jusqu'en 1791. Mais aujourd'hui cette confusion n'est plus à redouter : il n'est, en effet, personne qui ignore que le mariage religieux ne produit et ne peut produire d'effets civils : que résulte-t-il donc de cette défense ? l'odieux pour la loi civile d'une contradiction flagrante à la loi religieuse, et son immixtion à un ordre d'idées pour lequel elle est incompétente. Pour éviter ce mal, il suffirait d'effacer les art. 199 et 200 du code pénal ; on mettrait ainsi à l'aise, la conscience de ceux qui croient que le mariage religieux doit précéder le sacrement, et qui pourraient ainsi se conformer à leur croyance, sans gêner toutefois l'opinion de ceux qui pensent le contraire, et qui garderaient à leur gré l'ordre actuel des deux célébrations : dans le premier cas seulement, il y aurait lieu de faire constater la réalité du mariage religieux antérieur, par un agent de l'autorité civile.

Une autre situation, conséquence inévitable de la liberté de conscience, est digne néanmoins de l'attention du législateur, parce qu'elle peut enfanter les plus graves inconvénients, et qu'il y a moyen de les prévenir sans atteinte aux principes qui en sont l'occasion. Aujourd'hui, les époux qui veulent subordonner l'efficacité de l'acte civil à la célébration religieuse, ne peuvent le déclarer devant le magistrat ; et si plus tard l'un des époux méconnaît sa promesse et refuse d'aller à l'autel, l'autre reste à la merci d'une telle déloyauté : il subit malgré lui tout le poids d'un lien dont on ne veut pas accorder la consécration à sa croyance, et qui n'enchaîne pas moins sa liberté pour toujours ; sa conscience ne le reconnaît pas, sa volonté ne peut le rompre.

Ainsi, le législateur refuse à la bonne foi des époux toute garantie contre de telles surprises, dont le scandale est malheureusement loin d'être sans exemple. Qui pourrait dire qu'un tel principe n'est pas aussi oppressif pour la liberté des contrats que blessant pour la foi des peuples et la dignité du mariage ? On pourrait remédier à ce grave inconvénient, en prescrivant à l'officier de l'état civil, avant de procéder à la célébration civile, de demander aux futurs époux s'ils entendent faire consacrer, ou s'ils ont fait consacrer leur union devant les ministres de leurs religions respectives, et de constater dans l'acte leur réponse, sous les peines mentionnées à l'art. 193 du code pénal. Lorsque, la célébration religieuse n'ayant pas encore eu lieu, les époux répondraient affirmativement, l'obligation mutuelle de la vie commune, prescrite par l'art. 214 du code Napoléon, ne commencerait pour eux qu'après qu'il aurait été procédé à la cérémonie religieuse ; et, dans le cas de non-cohabitation antérieure, un des époux refusant de procéder à cette cérémonie, le mariage civil pourrait être déclaré nul. Si, au contraire, la cohabitation avait eu lieu déjà, le refus dont nous parlons serait de droit considéré sur la demande de l'autre époux comme une injure grave, donnant lieu à la séparation de corps.

Nous n'avons pas ici la prétention de faire un projet de loi : la nature de ce travail ne nous permet que d'effleurer en passant une des questions les plus brûlantes de notre législation : nous nous bornons à soumettre ces quelques idées qui ne nous semblent en rien contraires aux principes du droit civil, et qui laissent, d'ailleurs, sauve la liberté de conscience, puisque chacun restera toujours libre de s'expliquer et de refuser même toute célébration religieuse ; mais chaque conjoint, par ce moyen, serait averti à temps des dispositions de l'autre époux, et, dans le cas de violation d'une promesse formelle, trouverait une protection assurée dans la loi et dans la justice.

Pour résumer en deux mots les réformes que nous semble provoquer la législation française sur le mariage, nous voudrions qu'après la suppression des fictions légales qui, par une formule trop absolue du mariage civil, semblent faire résulter de lui seul le lien conjugal, la cérémonie religieuse pût indifféremment, au choix des parties, précéder la cérémonie civile. Dans tous les cas, nous voudrions voir l'intention des époux se manifester au moment même du contrat civil, au sujet de la consécration religieuse, et toute violation d'une promesse sur ce point amener, selon les distinctions que nous avons faites, soit la nullité du mariage, soit seulement la séparation de corps.

Entre les opinions extrêmes qui nous paraissent tourner dans un cercle vicieux, la sagesse nous a paru commander de tenir un langage avant tout modéré, et de ne demander, en fait de réformes sur notre législation du mariage, que ce qui semble être seulement possible au point de vue pratique! Nous ne nous faisons pas d'illusion sur la faible autorité de ces observations; nous serions heureux cependant si le temps et l'apaisement des passions qui poussent encore vers les solutions extrêmes, montraient un jour que ces idées sont de nature à prendre rang parmi les matériaux destinés à cette œuvre de reconstruction et d'amélioration sociale que nous entrevoyons dans l'avenir, et que nous appelons de nos vœux ! Dans les termes où nous la demandons, qui pourrait s'en effrayer ? aux droits de qui cette réforme pourrait-elle porter atteinte? et cependant elle suffirait, nous le croyons, pour rendre au mariage dans la loi civile cette place d'honneur qu'il y a tenue pendant tant de siècles, et qui ne permettra plus de le confondre avec les contrats les plus vulgaires : alors malgré la respectueuse réserve de cette loi humaine, nous retrouverons dans le mariage français, comme nous le constations dans presque toutes les législations de l'Europe, cette institution fondée par Dieu lui-même à l'origine du monde, que le législateur humain peut bien réglementer, mais dont il ne peut altérer les principes ni les conditions essentielles; et une fois de plus, la loi civile aura rendu un solennel hommage à cette éternelle vérité : qu'il n'y a pas de droit contre le droit.

TABLE DES MATIÈRES.

IMPRIMERIE DE BEAU, A SAINT-GERMAIN-EN-LAYE.